品中国古代文人

唐代诗人小传

马宁川 著

长江出版传媒 ｜ 长江文艺出版社

图书在版编目（ＣＩＰ）数据

唐代诗人小传 / 马宁川著. -- 武汉：长江文艺出
版社，2021.5
（品中国古代文人）
ISBN 978-7-5702-1603-1

Ⅰ. ①唐… Ⅱ. ①马… Ⅲ. ①诗人－列传－中国－唐
代 Ⅳ. ①K825.6

中国版本图书馆 CIP 数据核字(2020)第 079071 号

责任编辑：张远林　朱　焱　　　　　责任校对：毛　娟
封面设计：颜森设计　　　　　　　　责任印制：邱　莉　杨　帆
_____

出版：长江出版传媒　长江文艺出版社
地址：武汉市雄楚大街 268 号　　　邮编：430070
发行：长江文艺出版社
http://www.cjlap.com
印刷：武汉中科兴业印务有限公司
_____

开本：640 毫米×970 毫米　　　1/16　印张：17.25　　插页：1 页
版次：2021 年 5 月第 1 版　　　2021 年 5 月第 1 次印刷
字数：225 千字
_____

定价：38.00 元
_____

目　录

盛　唐 »»»

中　唐 »»»

晚　唐 »»»

品中国古代文人

初唐

卢照邻 骆宾王
……

卢照邻

他的人生是大写的不合时宜 》》》》

死去死去今如此，生兮生兮奈汝何

难道真的有"天妒英才"这个魔咒么？卢照邻以他的亲身经历告诉你，可能确实有这么一回事。

卢照邻，生于公元 636 年，比杨炯大了将近 30 岁。也难怪杨炯说自己愧在卢前。或许，只是以年龄来看，卢照邻也算得上他的一位前辈了。

上天在给四杰几个人写命谱的时候，前半生好像都是按照一个模子来的，卢照邻也出身望族，自幼饱读诗书，博学能文。唐高祖李渊第十七子李元裕，也就是当时唐高宗李治的叔父，曾这样评价卢照邻的才华："此吾之相如也。"

命运一直到这里都是眷顾他的，卢照邻在李元裕的邓王府期间，更有机会饱览王府藏书，据《朝野金载》记载，邓王李元裕府中"有书十二车，照邻总披览，略能记忆"。

意思是说，邓王府中藏书十分丰富，而卢照邻有着过目不忘的天赋，他大致翻读一遍后，每本书的内容都能记得八九不离十。由此，卢才子的知识更加渊博。

668 年，在邓王死后，卢照邻得到了四川益州新都（今四川成都附近）尉的职务。也是在四川这段日子，他还结识了之后与他齐名的才子王勃。以诗之名，以文会友，两人毫无意外地结下了一段不错的情谊。

> 九月九日眺山川，归心归望积风烟。
>
> 他乡共酌金花酒，万里同悲鸿雁天。

同为异地游子，同样有着怀才不遇的颠沛流离，真是相逢何必曾相识啊。

只是，两个人都没想到，也许在酒肆分别的那一天，再见已然无期。缠在他们身上的噩运绞索也越来越紧了。

卢照邻的一首传世之作是《长安古意》。"长安大道连狭斜，青牛白马七香车。玉辇纵横过主第，金鞭络绎向侯家"。

有人说，张择端的《清明上河图》，是对宋代市井生活最好的写意。那么，这首《长安古意》，也正是一副文字版的唐代《清明上河图》。后人对于千年前那座壮丽古城的所有奢华想象，也都来自这首七言古诗。

> 双燕双飞绕画梁，罗帷翠被郁金香。
>
> 片片行云着蝉鬓，纤纤初月上鸦黄。
>
> 鸦黄粉白车中出，含娇含态情非一。
>
> 妖童宝马铁连钱，娼妇盘龙金屈膝。

只可惜，诗歌虽然以绚丽的文字把观者带到了一个恍若仙境的美妙境地，却传递了一个冷冰冰的现实：这一切不过是豪奢权贵的乐园，即使像诗人这样的大才子，也不过落得一个"寂寂寥寥扬子居，年年岁岁一床书。独有南山桂花发，飞来飞去袭人裾"的孤寂和荒凉。

而且，卢照邻也没有想到，他的一次牢狱之灾也和这首诗有关系。因为诗中对权贵的暗讽，得罪了当时女皇身边的红人武三思。后来，幸亏有友人相助，才使得他脱离牢狱之灾。

一 被厄运盯上的苦命才子

但从那时开始，坏运气就找上了门。据《新唐书》记载，卢照邻在三十岁左右就得上了一种叫"风疾"的疾病。据说这是一种因风寒侵袭而引起的肢节疼痛或麻木的病症。这病有多苦呢？他自己曾在《释疾文》中苦吟："余羸卧不起，行已十年，宛转匡床，婆娑小室，未攀偃蹇桂，一臂连蜷；不学邯郸步，两足匍匐，寸步千里，咫尺山河。"

从现在的医学来看，卢照邻得的似乎是一种类风湿性关节炎的疾病。如今，这也是一种难解之症，更何况是一千多年前的初唐。

再高远的志向，再豪迈的胸襟，在疾病的缠磨之下，也让人意气全消。患病十几年，卢照邻丢了官职，使得全家几乎举债问医，也毫无结果。就连当时最著名的医生，曾著《千金方》的孙思邈也曾替他看过病，却一筹莫展。如此看来，卢照邻得的病在当时已然算是绝症了。最可怕的是，还是不死的绝症。

求生不能，求死不得。这彻骨的痛恐怕只有当事者自己才能明晰。据《新唐书》记载，他在患病后期，已自知无望，索性"乃去具茨山下，贾园数十亩，疏颍水周舍，复预为墓，偃卧其中"。

《新唐书》中的这寥寥几字，恐怕是读者看到的最为凄惨的一幕。还在活着的时候，诗人就已经为自己建造了一座活死人墓。不然又能如何呢？周身不能动，只能僵卧等死而已。

最后，诗人还不幸患上了麻风病，容貌全毁。就如他自己所说："四支萎堕，五官欹缺。皮襞积而千皱，衣联褰而百结。毛落须秃，无叔子之明眉；唇亡齿寒，有张仪之羞舌。仰而视睛，翳其若瞽；俯而动身，羸而欲折……"

终于，在44岁这一年，卢照邻以《释疾文三歌》与亲属一一诀别，最终自投颍水而死。

岁将暮兮欢不再，时已晚兮忧来多。
东郊绝此麒麟笔，西山秘此凤凰柯。
死去死去今如此，生兮生兮奈汝何。
岁去忧来兮东流水，地久天长兮人共死。

蝼蚁尚且偷生，君何故舍生而去？非吾所愿，势不容也……

二 这一生的敌人竟然是自己

后来有人总结了卢照邻这一生，实在让人唏嘘，虽然满腹才华，却始终与贫病缠绵不解。而且，在他这一生里，总是与机遇差上一个节拍。比如《唐才子传》中曾有这样一段无可奈何的文字："自以高宗时尚吏，己独儒；武后尚法，己独黄老；后封嵩山，屡聘贤士，己独废。"

当高宗重视官员吏干，自己却是个儒生；武后当权酷吏当道，他却因炼丹迷上黄老之学；等到高宗封禅泰山，在全国范围内征辟才士，他却已经卧床不起。

整个人生，通篇的不合时宜。

但谁也不能说，卢照邻不是一个相当勇敢的人。别人的一生，有的是风花雪月，有的是浑浑噩噩，但他的一生，几乎都是战场——和一次又一次的疾病作战。肉体被摧残殆尽，精神却锐利如锋矛。读他在病中的文字，可惊，可怖，可叹，可感，即使最后他选择了自戕，却永远不会让人看轻。

骆宾王

人生只求快意恩仇　»»»

无人信高洁，谁为表予心

那一年的傍晚，当卢照邻自投颍水，冰凉的河水一下子漫过了全身的时候，他因为呛水而紧张得全身发抖。他想挣扎，却想起自己已经四肢瘫痪，能一步步挨到河边，已是用了全部的力气。

也好。他苦苦挣扎了十几年，而终于作出这个艰难决定的时候，不就是求得一死么？上天既生我而不惠我，就不如让我也舍了这个残破的躯壳而去吧。

渐渐的，河水似乎并不那么冷了，他的意识已经模糊，灵魂仿佛飘出了躯壳之外。此时，他几乎还有一丝快意：死，好像也没那么难吧？然而，就在这一刻，一张熟悉的面庞蓦然出现在了他的脑海中，那是一个面容悲苦的女人，她的身边好像还有一个孩子，两人都以悲戚的目光默默地注视着他。

他一下子开始感到心痛，有一种刀割似的悲伤盈满了他的心。他想大叫，想说点什么，但就在这一刻，死亡完全攫住了他，他真正地陷入了无边的黑暗。

一　阴差阳错地打抱不平

那个时候，也是一个傍晚。但相隔千里的蜀地却是一派繁华热闹。骆宾王斜倚在成都一家酒馆的楼上，悠闲地自斟自饮。却听见旁座有人在低声说话。其中一个女子怯怯的声音在问：公子是从洛阳而来吗？可认得卢相公？

骆宾王的兴趣一下子来了。他刚想应答，却听得店小二不耐烦的撵人声音：走开走开，在这里让你卖唱，已经是东家大发慈悲了，你怎么见一个外地的客人就要打听自己那点事呢？

女子没有应声，但骆宾王有点不乐意了。天生豪气的他，就是看不惯有人恃强凌弱。他把女子招呼过来：你打听的人姓甚名谁？看看我是否认得？

这一身素衣的女子抱着琵琶怯怯地走过来，她没有马上说话，而是先深深道了一个万福。

据史书记载，初唐四杰不仅听过彼此的名字，更有人还是不错的朋友关系。比如卢照邻与王勃。两人虽然年岁相差不小，但彼此惺惺相惜，还曾互相作诗唱和。

据说，骆宾王也是卢照邻的朋友。他们之间是否曾经和诗，史书没有相应记载，反倒是这首骆宾王代郭氏所写的痛斥卢照邻移情别恋的长篇七言歌行，却阴差阳错地流传千古。

不为别的，只因诗歌太美。它被认为是唐代诗坛长篇七言歌行的奠基作之一，开拓了唐代诗人七言歌行的道路。

> 迢迢芊路望芝田，渺渺函关恨蜀川。归云已落涪江外，还雁应过洛水湄。……当时拟弄掌中珠，岂谓先摧庭际玉。悲鸣五里无人问，肠断三声谁为续。

不知道卢照邻活着的时候，他是否读过这首诗。也许有，也许没有。从洛阳到蜀州，实在是关山路远，鸿书难通。郭氏，也就是那位酒家卖唱女，确实与他曾经有过两年的情缘。也是为了她，卢照邻即使在蜀州官职卸任后，没有马上离开，而是与她整整缠绵了两年，才依依惜别。离别的情人，诉不完的衷肠，许不完的誓愿，不可谓不真心，只是都没曾想过前途之险恶。

而命运对于卢照邻格外残酷，当他回到洛阳谋官职，还没着落之际，就开始恶疾缠身。几乎可以说，在离开郭氏之后，多年以来，他都因疾病自顾不暇。当生存成为人生第一需求，风花雪月已然成为前尘往事。

太行山中，活死人墓，当卢照邻呻吟喘息着，思索究竟是生还是死的问题的时候，他还能想到千里之遥的郭氏，以及他们之间那个夭折的孩子么？现实于他而言，不仅残酷而且丑陋，病魔侵蚀的那个身躯，连他自己都厌恶怨憎，他的人生与爱情，消亡于脓血和垃圾。

但这一切，他的那个侠客般豪迈的好友骆宾王并不知晓，尽管他们也是朋友，但彼时的骆宾王，刚刚从军而归，与友人多年未遇。他为一个只听到一半真相的故事怒发冲冠，却不知道那位朋友正隐在深山中自建的坟墓里等待死亡。

人生中，又有多少类似的误会与遗憾呢！正如郭氏到死也不知道，她怨念了一生的情人，真的只是情非得已。

> 谁分迢迢经两岁，谁能脉脉待三秋。
> 情知唾井终无理，情知覆水也难收。

真个是柔情似水，抽刀难断，只留下黯然销魂愁。真是难以想象，这样的文字，居然出自一位从军多年、满面风霜的虬髯老汉。

二 天生侠义虬髯客

骆宾王的性格，在四杰中是最为特殊的。他的侠义，他的果敢，他的豪迈，有一点像武侠小说里的人物。闻一多形容他："天生一副侠骨，爱帮痴心女子打负心汉。"在唐传奇小说《霍小玉》中，帮女主角找回负心汉的那位侠义黄衫客身上，能看到骆宾王的影子。

和四杰中的其他三人一样，骆宾王也是少年成名。出身诗书门第，从小博览群书。四杰在孩子时期的成长轨迹出奇地相似。即使你并不知道他的其他作品，他那首七岁成名的《咏鹅》，直到今天，都是幼儿园的必读诗歌。

幼年成名，甚至名震乡里。这样的孩子，都是别人家的孩子。但纵观骆宾王的成长经历，估计许多家长都不敢让小朋友们模仿。

骆宾王这一生，是个大写的牛字。除了少年那一段时期比较乖巧，之后的日子就没让人省心过。但谁也不能否认，他的所作所为，却达成了很多人想做但没勇气实现的心愿。

研究一个人的内心动向以及成长经历，还得从他的原生家庭说起。骆宾王的祖父在南北朝时期是位文武双全的名士，曾入行伍，征战沙场，有斩将夺旗之功。后来，为保全妻子儿女，弃甲归田隐居。而骆宾王的父亲骆准，在当地也是颇有声望的才士。

一直到十八岁，骆宾王的人生都很顺意。父亲在山东谋了一个小官职。而他本人在乡里也是远近闻名的才子。但一场家庭变故让他不得不迅速从孩子成长为大人。

这一年，骆宾王的父亲因病去世。而这个一贫如洗的小地方官，居然没有钱让自己的妻儿扶柩回祖籍义乌。

三 他与科考八字不合

服丧过后，骆宾王在亲友的催促下上京城求仕。而在当时，能直上青云的路子只有一个，那就是考取功名。在考试前，骆宾王对自己是信心满满。谁知道，榜单一出，居然名落孙山。

在有科考的年代，考场历来都是大多数学子名士们的梦魇之地。即使你寒窗数年，即使你早已名满天下，但这个地方总会让你百思不得其解地屡战屡败。原因为何？花样多多。或者是文章让考官不太满意，或者是面试时你的态度让考官觉得不太恭敬。比如《儒林外史》中，一位主考官在监考时，有一位童生交完卷子，请求面试，主考官便问：面试什么？童生回答：童生诗、词、歌、赋都会，求大老爷出题面试。估计此人也是想借机表现一下自己的多才多艺，但他没想到眼前的这位大老爷就是以八股出身，平生最恨旁门别道。你以为你才学过人，我看你是不学无术！结果，就把这位童生给轰出去了！

更有甚者，当你的卷子不小心写了某位贵人的名讳，都能成为你不被录取，甚至招来罪名的理由。当然，遇到贪财的考官，而你还自命清高，那水火不相容的结局，也就是意料中的事了。

不知道骆宾王中了哪一招。总而言之，这一次的考场失利在他的心中留下了相当愤然的一笔：世间无公平，那我就要自己找公平。

《旧唐书》曾这样记载骆宾王早年的生活经历：早年落魄无行，好与博徒游。或许，就是那次不成功的科考，让骆宾王不再愿意当一名好学生，干脆挤入社会这个大学堂，学一学四书五经之外的生活常识，比如：吃喝嫖赌。

但俗话说得好，不怕流氓会打架，就怕流氓有文化。甩把式的人生看不到什么前途，但既能甩把式又能写得一手好诗文，想找到工作还是不难的。很快，骆宾王经人介绍，在河南豫州做了道王李元庆的幕僚。

四 赤诚的人生寸步难行

李元庆是唐太宗的弟弟。能在王府做事，即使身份不高，但就好比领导跟前的秘书，早晚能求得一个身份。三年下来，骆宾王果然获得了道王的赏识。终于在某天，领导心情非常好，决定给眼前人一个升迁的机会，他要求骆宾王先自己写一篇自荐书。

以一般人的眼光来看，接到这样的指令，就算不激动地先去烧香拜先祖，感念终于有了出头之日，至少也应该闭门不出，好好地策划润色，这自荐简历该怎么写最能直达上听。

但骆宾王没有。他确实写了一篇文章，但其内容别说走出府门，就连王爷自己看了，直直一口闷气也被噎得喘不过来。

骆宾王的这篇自叙状是这样写的：

> 若乃脂韦其迹，乾没其心；说己之长，言身之善；腼容冒进，贪禄要君……上以紊国家之大猷，下以渎狷介之高节；此凶人以为耻，况吉士之为荣乎？

在唐朝，官员的选拔要按照程序一步一步进行。道王是好意，想通过破格录取的方式，让骆宾王走一个捷径。谁料，骆宾王居然以"腼容冒进，贪禄要君……上以紊国家之大猷，下以渎狷介之高节"为由拒绝了。以现代人的眼光来看，此人的情商简直要低于地平线。但是，以骆宾王这样一个受过正统儒家理念教育的学子来说，这种做法也不是不可理解的，就如他当年因不愿在考场上打点而不幸名落孙山一样，即使眼下有可利用来走捷径的资源，他也不愿意因此破坏内心的公平正义。"类君子之有道，入暗室而不欺"，究其根本，骆宾王想做的，不过是一个干干净净、清清白白的人，就如他死去却付不起回乡丧葬费的老父亲一样。

不知道骆宾王在晚年回忆人生的时候，是否会后悔年轻时的这次举动。但以他后来的人生轨迹，可以推测，他不仅不会后悔，而且，还按照早已设计好的规划，按部就班，执行得坚决而彻底。

忠于理想，必然要付出现实的代价。好在道王还算忠厚，以一声"年轻人不知天高地厚"就不再追究。当然，骆宾王想从这里发迹的道路也彻底被堵死。他为自己的高傲和坚持信念，付出了继续默默无闻发霉的代价。

七年后，道王薨，他作为一个最默默无闻的小幕僚也不得不离府自寻出路。彼时的骆宾王还不太为经济发愁，干脆携全家回乡，计划以种田为生。但很遗憾，十几年下来，地越种越穷，生活已经捉襟见肘到无法奉养老母亲。无奈，骆宾王收拾起隐士生活，到处投简历，重回官场为生活奔波。

彼时的骆宾王，已经年近五十了，本以为生活的打磨已经让他变得油滑了一些。但很可惜，猜测的人都错了。即使已经过了不惑之年，骆宾王的内心依然是不服输的少年。在京城谋得一个官职不太顺意之后，他居然做出了投笔从戎的惊人决定。

五 老当益壮日，投笔从戎时

公元 670 年四月，吐蕃大举进犯，吞并了大唐边境的许多土地。52 岁的骆宾王被激发起无限的爱国热情。他写了一首诗给掌管用人大权的吏部侍郎裴行俭，"不汲汲于荣名，不戚戚于卑位"，要求从军自效。因裴行俭非常器重他，骆宾王得以成功从军入伍，于七月初离开长安，开始了他的军旅生涯。

白首之年登战马，这份经历在外人看来，会有怎样的评价？或讪笑，或不解？但有一个人一定是非常感动而且默默支持，他就是杨炯。那一年，他不过是一个默默无闻的国家图书管理员。他也有着投笔从戎的激昂信念。只可惜，这一生都未能遂意。反倒是快到花甲之年的骆宾王，抢先实现了他的愿望。在寄给有知遇之恩的裴行俭的诗中，他就表达了这份慨然。

> 一得视边塞，万里何苦辛。剑匣胡霜影，弓开汉月轮。
> 金刀动秋色，铁骑想风尘。为国坚诚款，捐躯忘贱贫。
> ——《咏怀古意上裴侍郎》

同样是边塞诗，但身历其境的作品读起来，仿佛让人感受到凛冽的刀光和森然寒气。西至新疆，南至云南，骆宾王将唐诗从宫廷、台阁引向了江山和塞漠，戍楼烽火、边庭落日都在骆宾王的笔下留下了踪影。

紫塞流沙北，黄图灞水东。一朝辞俎豆，万里逐沙蓬。
候月恒持满，寻源屡凿空。野昏边气合，烽迥戍烟通。
——《边城落日》

作为一名随军文职人员，骆宾王还是非常尽责的，比如这首《从军行》，至今读来，依然壮怀激烈，让人豪气顿生。

平生一顾重，意气溢三军。野日分戈影，天星合剑文。
弓弦抱汉月，马足践胡尘。不求生入塞，唯当死报君。

边塞诗以盛唐时最为驰名。但谁也不能说，骆宾王的边塞诗与之相比便棋输一着。以《从军行》为例，整首诗慷慨激昂、恢弘大气。诗中的"野日分戈影，天星合剑文"更是神来之笔，对仗工整，意象壮观。最后一句"不求生入塞，唯当死报君"，何等气魄，何等志向！英雄不问家何处，马革裹尸归故乡。

彼时，骆宾王已经是一位花甲之年的老人了。而在他的心中，在他的笔下，依然有着如青年人一样激荡的热血和理想。单单这一点，已经让后世的我们感叹不已了。

由此可见，当他随军来到巴蜀，遇到等情人而不遇的郭氏，于是愤然为之代笔，写长文以讨伐昔日老友，也不足为怪了。

不论何时，骆宾王都是那个见不平则鸣的意气少年人。

六 因直获罪，以蝉明心

公元 672 年，骆宾王的军旅生涯告一段落，重新进入官场。在 61 岁那年，他被朝廷拜为侍御史，这个官职虽然不大，却是骆宾仕途生涯中最辉煌的一阶。但一年后，他因屡次上书讽谏，因此获罪撤职，并以贪赃入狱。

关于这个变故，《新唐书》与《旧唐书》的记载不尽相同。《旧唐书》认为，骆宾王就是本身无行，所以才因贪赃入狱。而《新唐书》的分析，比较符合我们在诗文中，在骆宾王的生平中看到的那个豪迈人物的个性。《新唐书》认为他入狱是因为"武后时，数上疏言事"，结果招致横祸。

而骆宾王生平最出色的五言律诗《在狱咏蝉》就是这次在狱中所作：

> 西陆蝉声唱，南冠客思侵。
> 那堪玄鬓影，来对白头吟？
> 露重飞难进，风多响易沉。
> 无人信高洁，谁为表予心。

蝉，自古以来就被文人们喻为品性高洁的生物。因为蝉对于他们来说，是一种特别神秘的生物，平时吃什么，他们完全不知道，所以猜测它是餐风饮露，能做到这一点的，也只有神仙了。

在热播剧《琅琊榜》里，梅长苏与那位黎老先生的信物也是一枚玉蝉，其中的寓意，也无外乎读书人之间的一种欣赏和暗赞。

而骆宾王的这首诗，主角也是蝉，其寓意不言而喻。诗中的蝉有他对自己品性的自喻，也有对自己含冤莫白无声地控诉。你可以说他这一生风流不羁，桀骜不驯，但扣上这样一个耻辱的罪名，这锥心之痛，让白首之年的他，依然难掩愤恨。这恐怕也成了他日后跟随徐敬业举起反旗的导火线。

一年多以后，唐高宗改年号为调露，由此大赦天下。骆宾王因此得以赦免，并被迁为临海丞。在一般人看来，有过这样一次惊弓之鸟的遭遇，骆宾王应该从此消停了，已经花甲之年的他，在这个岗位上就一直干到退休吧。这个年纪，还能折腾多久呢？

骆宾王也是这样想的。但是，应该把这句话分为两部分。上半部分，他和大伙想的是一样：我已经这么大岁数了，还能折腾多久呢？但后半部分是：所以，我要趁着还能折腾，赶紧再折腾几年！

据史料记载，骆宾王并没有接受朝廷分配的这个工作，而是辞职不干，云游四海，走人了！

七 一场如闹剧般的兵变

世界这么大，我得去看看。当然，骆宾王看的不是江山大地，他拜访的是在扬州举起勤王救国反旗的徐敬业。

徐敬业原名叫李敬业。这个李姓，是因为家族屡建战功，而被皇帝赐姓。只是当他举起反旗的时候，这个姓也被朝廷褫夺了。

当时的唐朝局势是，武则天的第三子李显被母亲废黜流放，第四子李旦看形势不对，自动让出王位，请母亲登基。李姓天下就此改朝换代，这自然让许多皇亲旧臣不能接受。

本来，徐敬业远在江浙，京城闹翻了天，也不影响发他的薪水。只是不久前，他正好因事获罪，被贬为眉州刺史。这样一来，不知是为李姓朝廷伸张正义的拳拳臣子心，还是说不出的个人恩怨，总之，徐敬业决定讨伐武则天。

不过，让人遗憾的是，那么多人搭上了被诛灭九族的代价而发动的叛乱，仅仅三个月就被朝廷军队一举歼灭。狼烟过后，多少兵士血流成河自不必说，而最让人失望的是，这在大唐历史中，是一场连水花都没激得起来的闹剧。

如果没有骆宾王的那篇《为徐敬业讨武曌檄文》，千百年后，在历史的长河中，人们甚至不会对这场战争有一点点印象。但因为有了这篇脍炙人口的檄文，相关的三位主角，至今仍被后世深深记得。

武则天登上皇位的路途十分坎坷。众所周知，她曾是太宗皇帝的一名小妃子，后来因搭上了高宗李治，才把几乎要下死的人生之棋给盘活了。这一切，在当时即使人人皆知，也不敢有一个人把它大大方方地说出来。

但骆宾王不怕。在他的檄文中，第一段就毫不留情地把武曌的老底儿扒了个溜干净，什么深宫密帷，什么皇家颜面，从此成为天下人茶余饭后的谈资。

> 伪临朝武氏者，性非和顺，地实寒微。昔充太宗下陈，曾以更衣入侍。洎乎晚节，秽乱春宫，潜隐先帝之私，阴图后房之嬖。入门见嫉，蛾眉不肯让人；掩袖工谗，狐媚偏能惑主。

在天下人的面前，自己的老底儿被全部揭开，武则天的愤怒可想而知。但女皇不同于常人，《新唐书》记载，听到此处的武则天不过是"但嬉笑"，这种赤裸裸的人身攻击，在她看来，杀伤力还差几个等级。直到大臣念出了这样一句："公等或家传汉爵，或地协周亲，或膺重寄于爪牙，或受顾命于宣室。言犹在耳，忠岂忘心？一抔之土未干，六尺之孤何托？"她才遽然变色。

在武则天看来，通篇文字不管是对她的人身攻击，还是对叛军实力的自吹自擂，这都无关紧要。只有这一段痛心疾首而又极具煽动性的文字才是最可怕的：一抔之土未干，六尺之孤何托？即使它不能号召李唐子弟的反叛之心，至少也在他们心中种下了不平和忏悔的种子，这对于日后的统治危害极大。

八 一直被辜负的洛阳才子

愤恨归愤恨，武则天也不得不承认，这个屡次被她忽视，并因冲撞自己而被她默许授意关入大牢的骆宾王，实在是不该错过的人才。

《新唐书》如是记载，徐敬业乱，署宾王为府属，为敬业传檄天下，斥武后罪。后读，但嬉笑，至"一抔之土未干，六尺之孤安在"，矍然曰："谁为之?"或以宾王对，后曰："宰相安得失此人!"

很多人由此扼腕叹息，为骆宾王阴差阳错的命运。事实上，即使骆宾王没有加入徐敬业幕僚，平素也做出大把文章，也未必能改变既成的命运。在讨檄文问世之前，骆宾王就已经以精于七言长诗闻名于世。最著名的就是与卢照邻的《长安古意》一起称为姊妹篇的《帝京篇》。

> 山河千里国，城阙九重门。不睹皇居壮，安知天子尊。皇居帝里崤函谷，鹑野龙山侯甸服。五纬连影集星躔，八水分流横地轴。秦塞重关一百二，汉家离宫三十六……

骆宾王的这篇《帝京篇》，极富现实主义精神，描绘了大唐盛世之景。他还提出了居安思危的警示："未厌金陵气，先开石椁文。"骆宾王做成此诗后，赠予当时的吏部侍郎裴行俭，故这首诗又名为《上吏部侍郎帝京篇》。只是没想到，这首诗竟然传遍帝京，人人传看，连皇帝都赞不绝口。

但遗憾的是，才华横溢的诗人并没有因此得到重用。即使他在诗中表示了自己怀才不遇、壮志难酬的悲愤，但无人理会。

> 已矣哉，归去来。马卿辞蜀多文藻，扬雄仕汉乏良媒。三冬自矜诚足用，十年不调几遭回。汲黯薪逾积，孙弘阁未开。谁惜长沙傅，独负洛阳才。

终其一生，骆宾王都一直在努力，并耐心地等待那个惜才并识才的伯乐，但他一直没有等到。得到的，只是与自己努力并不匹配甚至被折辱的人生。

武则天的那句"宰相安得失此人"，不过是一句转移尴尬并表现自己大度的帝王之术罢了。

几个月后，徐敬业兵败如山倒，骆宾王也从此下落不明。有的史书称他兵败时就已"伏诛"，还有的称他"不知所踪"。相比之下，更多人喜欢后面这个说法。骆宾王这一生，把自己活成了一位侠客，一个传奇。刀光剑影，快意人生。

死何所惧？从心而已。就如他的那首诗：

> 此地别燕丹，壮士发冲冠。
> 昔时人已没，今日水犹寒。

王　勃

初唐的第一道光　»»»

闲云潭影日悠悠，物换星移几度秋

公元 676 年，一个风雨交加的晚上，在广西与越南交界的南海海面上，乌云在天边翻腾，海浪如巨兽一样，一浪高过一浪，仿佛想把海面上的那艘小船完全吞噬掉。一个年轻人瑟瑟地躲在船舱里，他的长襟几乎全都被涌上的海水浸湿透了。寒冷和绝望渐渐从心底升腾起来。

就在这个时候，正在紧张掌舵的渔夫看到了一幕让他万分震惊的景象，刚才还瑟瑟发抖的年轻人，不知什么时候从船舱里走出来，站到了摇晃的船头。一道闪电劈在海面上，仿佛想把海水分成两半。年轻人颤抖了一下，这个时候，渔夫看到，他的脸色几乎惨白一片。

"官人，回到船舱里，船头很危险啊！"渔夫腾不出功夫去拽他回来，只能大声疾呼。年轻人没有回答，他只是喃喃地自语了一句话：我一生曾熟读《周易》，谙熟命理。早年替自己占卜，就说勃此生会命丧水上。27 载命途多舛，几经波折，大难不死，却终难逃过这最后一劫。命该如此，躲无可躲……

话没说完，只见他身体摇晃了一下，一下子落入了波涛汹涌的海水之中，渔夫大惊，扔下樯橹，跳入海中救人，但终因风高浪急，一无所获……

很快，消息迅速传开。很多人不敢相信，那个曾洋洋洒洒写出名传千古的《滕王阁序》的作者，那个年纪轻轻就名满天下，后被誉为"初唐四杰"之首的王勃，真的就这样死去了？

的确如此。在当年，有人恋慕他，更有人怨憎他，甚至不惜设毒计对他排挤，暗算。但谁也没想到，最后，王勃的葬身之处是茫茫大海。

王勃的父亲王福畴是最先得到消息的人，中年丧子的悲伤，让他老泪纵横。即使这个儿子一直就没怎么让他省心过，甚至在临死前，还连累他被贬官到交趾（今越南境内）做县令。但是，在这个世间，又有哪一个父亲能真正地对儿子心生怨怼呢？更何况，他曾拥有的，是那样一个让世人为之钦羡的天才。

一 曾经傲娇的少年郎

如果王勃曾细数过自己一生最美好的日子，当属他的童年。

公元 650 年，王勃出生在山西太原的一个名门望族。爷爷王通是隋朝末年的一位大儒，自己的两个弟弟也是才学出众，在同龄人中出类拔萃。据说王勃父亲的一大爱好，就是特别喜欢向朋友夸耀自己的儿子。终于朋友受不了了，婉转提出异议，但王老先生早有准备，马上奉上自己儿子的作品，对方看完，叹无可叹，只能说一句：你夸你有理……

究竟王勃优秀到什么程度？据《新唐书》记载，"六岁善文辞，九岁得颜师古注《汉书》读之，作《指瑕》以摘其失"。

还好，在当今世上，这么优秀的人中龙凤已然不多，不然的话，该是多少同龄孩子的噩梦啊！六岁善文辞，也就是说，幼儿园的时候，别的孩子话还没说利索的时候，他就已经能著文章了。九岁，在读完颜师古注的《汉书》后，学识满溢，王勃写了《指瑕》

十卷，指出颜师古的诸多错误，令许多老少文人学者目瞪口呆。颜师古何许人也？他是唐初的儒家学者，经学家、语言文字学家、历史学家。少传家业，遵循祖训，博览群书，学问通博，擅长文字训诂、声韵、校勘之学；而且还是研究《汉书》的专家。但是，就是这样一位大家之作，居然被一个9岁的黄口小儿指出了如许多的错误……这让其他读书人情何以堪？

可以想象当年的王勃，必然是人见人爱，花见花开。走到哪里，都会傲然地仰着他小小的脑袋，而身后，则是亦步亦趋躬身相随的一众读书人。

二 初露锋芒，跻身朝堂

谁也没想到这有什么不妥。毕竟，这个孩童有着如此惊人的天分。人才可遇，天才难求。只是，如果这个天才孩童对人生能有他在所学上十分之一的灵感，他这一生或许也是圆满的。只可惜，尚在稚龄的他，就已经萌生了以"武艺卖给帝王家"为己任的念头。

彼时的王勃，才华横溢，就像烧沸了的茶壶，压都压不住。15岁那一年，他遇到了人生中第一个赏识他的伯乐——朝中新晋宰相刘祥道，当时，他奉旨巡行关内，广开言路，体察民情。

王勃敏锐地察觉到，属于自己的机会到了。彼时，展示个人才华的机会就是以文相荐，这对于王勃来说根本不是问题，他给宰相大人呈上的这篇文，抒发了自己对时政的见解，主题就是反对唐高宗出兵讨伐高丽。

> 辟地数千里，无益神封；勤兵十八万，空疲帝卒。警烽走传，骇秦洛之町；飞刍挽粟，竭淮海之费。

这是王勃正式向官方展示自身才华的第一次。但雏凤之声，清亮越野，文章不仅文字雄瑰，更重要的是论点精辟，论据充足，无论是在措辞上还是思想上，都如浩荡之江水，气势雄伟，文采惊人。

看到这篇文章之后，新晋宰相刘祥道马上为之倾倒，称之为"神童"，并立即上表举荐。

据《新唐书》记载，为了推荐这位神童，"祥道表于朝，对策高第。年未及冠，授朝散郎，数献颂阙下"。

之后王勃的仕途人生一路顺风顺水，17岁的时候就做到了朝散郎的官位。这个职位虽然闲散，却是能够接触到朝廷权贵最好的机会。据说，这还是因为他年龄实在太小，但朝廷舍不得他的锋芒才华，所以破格给他的官职。

彼时的王勃，风华正茂，意气风发。那个时期的诗文，风格也以旷达乐观为主，比如这首著名的《送杜少府之任蜀州》，与友人相别，此去经年，虽恋恋不舍，却以这句"海内存知己，天涯若比邻"，一扫离别诗句中"无语凝噎"之儿女态。

蜀州虽远，然心系一处，便不必为分离悲伤。而这句话，更是成了千百年后，离人们互相勉励的名句。《唐诗广选》中，顾华玉如此评论曰："多少叹息，不见愁语。"

三 花好月圆从来都不是一句祝愿

自此，王勃开挂的人生才刚刚开始。因为才华过人，他受到了当时考官吏部员外郎皇甫常伯的赏识，并将他举荐给了沛王李贤。当时的沛王只有12岁，却对这位与他年龄相差5岁的年轻人一见如故。

沛王李贤是唐高宗与武后的第二子，身份矜贵，备受帝后宠爱。而王勃能得到沛王的青眼，在当时外人的眼里不知有多少羡慕。别人可能需要用几十年光阴，而他只用了不到两年，就实现了多少人梦想中的愿望。那就是，迈入当时最高层统治者的朋友圈。

但王勃绝对没有想到，他以火箭般速度窜上的人生高度，在未来很短的日子里，也如坠石一样，迅速跌入深渊。

在王府的日子很悠闲，因为身份特殊，其他人对他都是毕恭毕敬，以至于让这位少年就得宠的年轻人失去了在君王之侧该有的警惕和约束。

一个才华横溢的年轻人，生于大儒世家，成长的过程中更是一帆风顺，对于很多人来说，是做梦都梦不到的好运气。但人生是残酷的，最坏的境遇可能是处处碰壁，但最好的境遇也不可能让你一直顺风顺水。

人生的意义，就是让你在碰壁中、疼痛中学会经验，摔倒后趔趄着成长。但很遗憾，王勃从来没有摔倒过，在他二十岁的生涯中，他几乎是一直被捧着在生活，他又怎么可能懂得谦虚和适时的后退？

这份经验，不是别人能教会的，只有自己去体会。但王勃的悲哀就是，他还没来得及在小疼痛中学会人生经验，就遭遇了一个前所未有的大跟头。

四 人生的第一个跟头就栽下了云端

作为沛王府的修撰，王勃经常参加众位王爷之间的聚会。在当时，非常流行斗鸡。而沛王李贤和他的弟弟英王李哲，更是这项活动最热情的拥趸。

乾封三年（668 年）的一天，李贤邀请李哲斗鸡取乐，为了凑趣，王勃更是帮李贤写了一篇《檄英王鸡》的骈文，然后以此为战书，派人将这篇骈文送给李哲。

结果，王勃的这篇文章一传过去，因其文字华丽瑰美，引得英王宫内争相抄录传阅。很快，连唐高宗都知道了此事。但是，读到这篇文章的他，不是欣赏，而是盛怒。

后来有人分析，说唐高宗本来就对手下斗鸡十分反感又苦于难禁，王勃作为沛王的侍读，不教小王爷好好读书，反而在旁怂恿，为斗鸡立文，还写得如此像模像样，怎能不惹得龙颜大怒。

当然，也有人分析出这样一个深层次的原因，唐高宗出身于帝王世家，因为经历了父辈兄弟相残的痛楚，所以对几个儿子之间的感情非常敏感。当他看到王勃"斗鸡"骈文中出现"血战功成，快睹鹰鹯之逐""雌伏而败类者必杀，定当割以牛刀"等很暴力且充满血腥味的句子时，立即激发神经中最敏感的部分，他认为此文有挑拨离间皇子关系之嫌，下令立即将王勃轰出沛王府，并不准李贤等再任用此人。

那一年，王勃只有 20 岁。

真是成也为文，败也为文。或许有人会说，这只是一个意外，但是，这绝对和王大才子平时的为人处世不无关系，如果平时不是那么倨傲，或者，对周遭的环境再多一点摸索，或许，在这关键的一刻，有人会帮他说上那么一句半句，命运就不会急转直下。但很可惜，谁也没有，连平素十分爱惜他才华的人，此刻也没有伸出手来帮忙。于是，王勃的命运就按照既定的步骤，按部就班地一级级开始下降。

五 少年已识愁滋味

这是王勃人生中遭遇的第一次挫折。与此同时，他的诗文，也可以品出悲凉的意味了。

比如这首《别薛华》，被认为是他送别诗中较为著名的一首，同样是离别，与《送杜少府之任蜀州》相比，风格迥异，前后判若两人。

送送多穷路，遑遑独问津。

悲凉千里道，凄断百年身。

心事同漂泊，生涯共苦辛。

无论去与住，俱是梦中人。

这首诗是王勃与友人薛华分离时而作。当时，从长安被狼狈逐出之后，王勃非常茫然，天下虽大，但被天子逐出的他，似乎在哪里也没有落脚之处。一番踌躇之后，他决定下西南，进入巴蜀。

他的这首诗中，既有对友人前途的担忧，也有自身命途多艰的感慨。

"穷，独，悲，凄"，仅仅前四句，就已经把愁苦的心情显露无遗。

不得不说，对于文人而言，诗歌是寄托情感最好的办法。因为这一首诗，天下人都知道这位才子怀才不遇的苦楚，而对于普通人而言，怨怒即使如波涛般汹涌，也只能回荡在个人的心里罢了。

在蜀州的日子，王勃过得并不畅意。尽管锦官城的美景也让他流连陶醉，"尝登葛愦山旷望，慨然思诸葛亮之功，赋诗见情"，但更多时候，在他的诗中，流露出的都是苦闷的情绪，比如这首《蜀中九日》：

九月九日望乡台，他席他乡送客杯。

人情已厌南中苦，鸿雁那从北地来。

从诗中就可以看出，此时此刻，王勃已经在蜀中坐不住了，入仕的小心思依然在蠢蠢欲动。三年后，他再次返回长安参加科选，打算从头再来。而这个时候，他的好友陆季友向他提议，不如到虢州来任事，理由是当地药材物产丰富。

说到这个，就不得不再提一个王勃的学霸记录。他曾经在 12

岁时，因父亲的一句话"不懂医术为不孝"而外出学医。让人惊诧的是，他只花了15个月时间，就跟随当时的名医曹元学完了《周易章句》和《黄帝素问难经》。也就是说，不仅学会了医术，还顺手涉猎了一下天文历法等学问。

王勃的医术有多高，史书中并无记载，但他对于《周易》的研究很有心得，曾作《大唐千岁历》，说唐朝美好的国运长达千年，不会承继北周、隋朝的短寿。而这部《大唐千岁历》一直到武则天以及唐玄宗时期，都被朝廷沿用。

再说回当时的王勃，满腹经纶，学富五车，可惜怀才不遇。想想朋友的建议也是不错，即使科考成功，按照他之前的黑记录，恐怕也要从基层做起，还不如到药材丰富的虢州，借着朋友的光，做一名参军，顺便收集珍稀药草，也算是一举两得。

就这样，王勃兴冲冲走马上任。但谁也没想到，这一段人生，是老天爷最虐他的一次。

六 离奇的"谋杀"事件

在这段时间，有一件让人匪夷所思的怪事发生在了他的身上。究竟是怎么回事呢？《新唐书》是这样记载的，"倚才陵藉，为僚吏共嫉。官奴曹达抵罪，匿勃所，惧事泄，辄杀之"。

王勃上任之后，并没有吸取第一次被天子厌弃的教训，或许他本人也认为，那不过就是一次非常偶然的倒霉事件。是运道问题，和本人的处世方法并无关联。于是，在新工作单位，他依然是"恃才傲物"，其实这是完全可以想象出来的，作为一个六岁就被称为神童、十七岁便入朝为官、当时的朋友圈都是皇子级别的高层人物，他怎么能瞧得上这些一起共事的同僚官员？在这里，工作对他而言，已然是屈就不得已，哪能花些许功夫去研究旁人的眉眼高低呢？

结果，一个非常让人想不到的事件就在这时发生了，一个叫曹达的官奴因为犯错逃逸，请求王勃的帮助。王勃不知为何真的就把他藏匿在了自己的住所。但后来又惧怕被发现，竟然偷偷将此人杀掉。

事件的结果是毫无疑问地败露了。唐代官奴的管理比较细致，平时给口粮、病了给医药、死了给装裹衣服、定期统计人数等等，不得被私自处死。所以，王勃的行为，必须付出代价。按律法，需杀人偿命。但是，命运总算对他没有差到底，投入狱中后，赶上朝廷改元大赦，免除死罪，坐了一年多牢狱的王勃被释放了。

王勃的这起杀人事件可谓荒唐至极。后世有分析认为，王勃是因为自己的高智商却低情商的处世方法得罪了同僚，以至于被构陷。但不管怎样，真相无从得知，而他自己，付出了沉重的代价。

七　百般挫折之后，开启人生之始

当命运把你甩到谷底的时候，实际上是为你打开了另一扇门。对于王勃来说，他人生的转折也是从这一次的牢狱之灾开始的。尽管之后的那一段人生短而又短。但生而为人，朝闻道夕可死，难道不也是许多人追求的境界吗？

入狱之前，王勃自诩聪颖过人，经纶满腹，如华彩般的诗篇可以随意在他的笔下流淌。即使在成长的路上栽过跟头，那个翩翩少年对未来充满幻想，却从没珍惜过眼前的岁月。

而这一次，这个偌大的人生苦头，逼得他不得不成长了。往昔悠然的岁月，轻浮的时光，在这里都必须被粉碎后重新涅槃。

一年多之后，王勃出狱。一年后，他也再次接到朝廷准予复职的诏书，但王勃坚决地放弃了，他已无入仕之心，再不愿踏入宦海一步。但是，接下来的时光，王勃一点也没有浪费，他回到故居，深居简出，足不出户，完成了祖父王通《续书》所缺十六篇的补阙，并撰写了《周易发挥》《大唐千岁历》《合论》《百里昌言》和大量的诗文作品。

穷途非所恨，虚室自相依。
城阙居年满，琴尊俗事稀。
开襟方未已，分袂忽多违。
东岩富松竹，岁暮幸同归。

——《送卢主簿》

空园歌独酌，春日赋闲居。
泽兰侵小径，河柳覆长渠。
雨去花光湿，风归叶影疏。
山人不惜醉，唯畏绿尊虚。

——《郊兴》

这个时候再读王勃的诗篇，你会恍然，那个"春日游，杏花吹满头"的陌上少年真的长大了，他也许不再激情四射，而是把光芒都收敛到了内心里。他可以在月夜下空园独酌，也可以在百花繁盛的春日赋闲在家。细雨蒙胧的日子，他默默地怜惜着花园里被淋湿的花朵，当长风穿过庭院，树影摇曳，他也恍然惊觉，一年多的时光，就这样倏忽而过了。

这一年多的时光，也许是王勃心性最沉静的一年。在这段时间里，他也明白了自己此生的意义，出身于诗书世家，从祖辈到自己，就没有一个非常显赫的从政者。年少的自己，总觉得这是一块可以由自己填补的空白，但几经坎坷，他也终于明白，宦海深波，不是有满腹的才华和一颗无畏的心就可以横冲直撞。八年仕途，留给他自己的，只有栽了又栽的跟头和无时无刻不患得患失的心情。

事实上，对于王勃这样高智商的天才来说，只要他在某些方面放低姿态，有些跟头或许不会栽。但如果那样，他就不是王勃了。作为初唐时期最优秀的天才诗人之一，他被后人誉为划过天空的白鹤，哪怕只飘落一根光羽，也会照亮整个夜空。郑振铎更是充满激情地赞叹，正如太阳神万千缕的光芒还未走在东方之前，东方是先已布满了黎明女神的玫瑰色的曙光了。

而王勃是盛唐诗歌的黎明之光。

八 初遇滕王阁，是一个深秋

公元 675 年，27 岁的王勃南下去探望远在交趾为官的老父亲。王勃一生狷介，尽管平生坎坷，却自信从未负人，除了他的老父亲。

王勃母亲早亡，从小由父亲抚养长大，自称"养于慈父之手"，和父亲感情尤深。但这一次因为擅杀官奴获罪之后，连累着父亲也由原来的参军职务被贬谪为交趾（今越南北部）县令。

当时交趾被视为边鄙之地，路途遥远、重山雾瘴。父亲年岁已高，自己还没来得及尽孝，却连累着老人家天降横祸，这让王勃痛心不已。

在前往交趾的路上，途经洪都（江西南昌）时，适逢九月初九，一年里最美的季节。王勃与滕王阁不期而遇。

江西滕王阁，与湖北武汉黄鹤楼、湖南岳阳楼并称为"江南三大名楼"。始建于唐永徽四年（653 年），因唐太宗李世民之弟——滕王李元婴始建而得名，而最终让它流芳百世的，却是王勃的那一篇《滕王阁序》。

彼时，作者与这名楼虽相见却彼此不识，只是在那一天，当洪都都督阎伯屿刚刚重修滕王阁，在滕王阁上设宴大会宾客，而王勃恰巧也是被邀请的宾客之一。

不早不晚，时间刚刚好。

当宾主尽欢，酒酣耳热之时，东主提议：何人能做一篇文章，其名即为《滕王阁序》？

在座宾客彼此相看，微笑无言。因为他们都知道，这只是阎伯屿的一个托词，真实的目的，是在这个场合推举出自己的女婿，让众人见识一下他的文笔。

那位叫吴子章的才子，平素应该也是小有才气，不然也不会成为都督的东床快婿，并如此受岳丈赏识，特别为他的出人头地大费周章。

如果当天没有邀请王勃，如果当天这位天才诗人恰好并不在这里，那么，这一幕有导演、有主角的好戏也能唱得十分热闹。

很可惜，就在阎都督客气地谦逊一番，正准备收回话头的时候，宾客席中传来一个不大不小的声音：我可以试试。

完全可以想象，阎都督的脸色一定是变了。何人这等没眼色？估计这句话是他很辛苦才咽回肚子的。

王勃依然是王勃，即使半生遇挫，看尽冷眼，但一腔豪气，满腹才华，使得他即使再经历同样的不平，在这一刻，他依然会慨然而言：勃可以一试。

真是十分可惜，当吴子章遇到了王勃，就好比游泳爱好者遇到了菲尔普斯，短跑运动员遇到了博尔特。他们之间的距离，不是周瑜遇到诸葛亮的遗憾，而是人类与黄金圣斗士的差距。

九 这座楼因他而千古留名

时光悠悠，如今距离那场著名的盛宴已然过去千年，但作为后人的我们，仿佛还能从诗篇中畅想出当时的盛景。

那个黄昏，从滕王阁的窗边极目远眺，江水如练，大片的晚霞几乎映红了整个天空。当晚风穿过宽阔的厅堂，一袭青衫的王勃，衣袂飘然。他凝神片刻，忽然觉得无限的灵感就此涌上心头。

据传，在王勃刚开始下笔的时候，那位阎都督几乎气得牙疼，借口身体不适暂时退席，但又不放心，即派手下去监督王勃，看他到底是吹牛呢，还是真有两把刷子。

很可惜，王勃并没有给任何人翻盘的机会。

"豫章故郡，洪都新府"，看似平常的开头，却如流水一样，平缓地引出了这篇千古绝唱。

记得在村上春树的小说《挪威的森林》中，曾这样评判一部作品，如果三十年仍然被记得，就是一部值得看的好作品。然而，王勃的这篇《滕王阁序》，直至千年之后，却依然让所有人击节赞叹。

王勃作品的文字华美，自不必说，当初，让他惹祸上身的《檄英王鸡》，事实上也是一篇绝美的骈体文，对仗工整，文字精美，文中还不乏引经据典，以至于当时就被争相传颂。当年，他还只有20岁。

而这篇《滕王阁序》，已经是7年之后的作品了。在这7年中，他的经历，也许是别人的十年，二十年。在这篇序里，文字之优美流畅，前无古人，那一句"落霞与孤鹜齐飞，秋水共长天一色"被后来的学者毫无争议地推崇为千古绝唱。

当时，在众人争相传阅这篇文章，并为文字精炼以及用典之巧妙赞叹不已的时候，不知道是否有人感受到了他文中的孤独萧索。

"关山难越，谁悲失路之人；萍水相逢，尽是他乡之客"，与后来杜甫的那句"冠盖满京华，斯人独憔悴"竟然有着异曲同工的苦涩之意。

文中话锋一转，依然可以让人感受到，那个屡被命运捉弄却志存高远的耿直书生：

> 时运不齐，命途多舛。冯唐易老，李广难封，屈贾谊于长沙，非无圣主；窜梁鸿于海曲，岂乏明时？所赖君子见机，达人知命。老当益壮，宁移白首之心？穷且益坚，不坠青云

之志。

好一个"老当益壮，宁移白首之心？穷且益坚，不坠青云之志"。这份傲然不仅让观者为之感慨，连之前颇有异议的阎都督看到此处，都只能默默地安慰了他的女婿一句：你就不必再比试了。文章到此，已无可超越之处了。

十 光芒陨落，明珠沉海

据传，这篇文章后来还传到了当时的唐高宗手上。当他通篇看完，不禁连声喝彩：这样的好文，这样的才子！今在何处？旁边的宦官默然片刻，才细声细语地回答：这就是王勃所作。而他，已经不在了……

在那个寂静的午后，空荡的殿堂比任何时候都清冷。高座之上的唐高宗喀然若失，他当然知道王勃。十年前，当那个意气风发、流光溢彩的少年郎站在这金殿之上，并呈上他的《乾元殿颂》，他也曾这般欣喜若狂：真乃我大唐的人才！他何尝不知，休说此生一世，即便是百年千年，能遇到这样的天才也是旷古之缘。但他还是毫不留情地把他抛弃了，也是因为他的文采，只因文中的一些字眼曾刺痛过他的神经。

他或许有点怀念自己的父皇，那个手段风雷却胸怀大海的君王。即使臣子屡屡触犯龙鳞，但他还是选择原谅。只有那样的君主，才会有四海八荒的臣服。

而自己，已经明珠在手，却因为它过于耀眼，而抛掷于沟渠之中。

如今，明珠已沉，再见无期。

不知道那时，王勃是否会知道，自己的这篇如烟花般璀璨的长文，让每一个看到的人都为之痴迷，甚至连君王都为之动心。

但王勃可能已经并不在意了。不是每个人都有机会一直时运相济。历史长河中，才华横溢却命途多舛，从来都不只有他一人。君王之赏又怎样，荣华加身又怎样？弹指间已是百年身。人生苦短，时光易逝，何不把这有限的时间伴在亲人身旁，就如他在文中所述"舍簪笏于百龄，奉晨昏于万里"。

只可惜，了悟之时，也是人生完结之时。当王勃终于能够心平气和地面对自己的人生之时，也是他这一位谪仙渡劫成功的时候。公元 676 年，王勃在探望父亲回乡路上，不幸坠海遇溺，虽被救上岸，却不治而亡。

闲云潭影日悠悠，物换星移几度秋。
阁中帝子今何在？槛外长江空自流。

事实上，没有多少人想知道阁中的帝子今何在，却不能不感叹，那位留下千古名篇的诗人，为何这般迅疾地离开了人间！

杨 炯

渴望投笔从戎的书生 》》》

宁为百夫长，胜作一书生

王勃可能想不到，在他死后，会是这样一个人，诚心诚意地为他的作品集写了一篇情深意长的序。

这个人就是杨炯。王勃与他，以及卢照邻、骆宾王被后人称为"初唐四杰"。而四人在当年也是小有名气。

既然名字被排在了一起，肯定有个先后顺序。据《新唐书》等很多史料记载，比较被公认的就是"王杨卢骆"这个顺序。当然，这个顺序并不是按照姓氏笔画排名排来的，而是被当时的舆论推举出来的。排第一的王勃当然对这个排名并无意见，但老二杨炯却有点小嘀咕，他的原话是这么说的："愧在卢前，耻居王后。"意思是，我觉得我不应该在王勃后面，但是呢，排在了卢照邻前面，我觉得有点不好意思。

我觉得这是一句特别漂亮的评语，既不显得太傲慢，又有一定程度的谦虚。也因为这句话，很多人认为，杨炯其实并不太看好王勃。

但事实真的如此么？看看杨炯所做的这篇《王勃集序》，其中对那位英年早逝的才子作出了相当高的赞美。

君之生也，舍章是托。神何由降？星辰奇伟之精；明何由出？家国贤才之运。性非外奖，智乃自然。孝本乎未名，人应乎初识。器业之敏，先乎就傅。

　　都说文人相轻，但杨炯对王勃一点也不"轻"。他称他是"星辰奇伟之精""家国贤才之运"，特别是王勃"所制《九陇县孔子庙堂碑文》，宏伟绝人，稀代为宝，正平之作，不能夺也"。

　　尽管如此，但杨炯绝不是王勃的粉丝。也许，有人会夸赞王勃年少有为，人不能及，但杨炯与之相比，丝毫也不逊色。而且，他有着和王勃极其相似的成长履历：幼年聪明好学，很早就显现出文学方面的才能，年仅九岁便被举为"神童"。之后学以致用，二十六岁被授予校书郎一职，掌管校勘书籍之事。三十一岁，被推荐为崇文馆学士，后又改任詹事司直，掌太子东宫庶务。虽然不是一个叫得上级别的官位，但是，已经无限接近未来天子的身边。单凭这个位置，已足以让许多人为之眼红不已。

一　傲然的骨气也禁不住现实的打磨

　　很可惜，杨炯的运气也不太好。多年辛苦捱来的仕途，让他的堂弟给打得粉碎。此人因参与徐敬业起兵反对武则天的活动，使得家族上下备受牵连。公元 686 年，杨炯被贬为梓州（今四川三台）司法参军。后又被授予盈川令一职。然而，上任仅一年便去世了。

　　一个人的一生，居然就可以用这样短短的一段话尽数道来，当然，还可以更精简些。但是，只有当事者自己才知道在失意的日子里，那每一天，每一刻都是多么难熬。

　　算起来，杨炯最适意的仕途生涯，可能也就是在太子东宫时的那么几年。但杨炯不服输，虽然在这儿跌倒了，我可以换个地方爬起来。他绝对相信，自己的才华就是一根机遇的撑竿。

机会在天授三年（692 年）七月十五这一天来了。七月十五是佛教的一个节日，称为盂兰盆节，是一个崇尚孝道的日子。这一天，洛阳宫中拿出盂兰盆分送佛寺，武则天与群臣在洛阳城门楼上观赏，杨炯立即写成《盂兰盆赋》一篇，进献给武则天。

这是一篇极力歌颂武则天的赞美文，文中称，希望武则天"任贤相，淳风俗，远佞人，措刑狱，省游宴，披图策，捐珠玑，宝菽粟"等，成为帝王的典范。

这是一篇文字华美精致，极尽谀美之言的长赋，《旧唐书》盛赞其文"词甚雅丽"，一篇吹捧的文章也能写得名传千古，杨炯如果谦称第二，可能也没谁敢叫板第一了。按常理，武则天看到此文，不说心花怒放，也应该喜笑颜开。要知道当时武则天是使用不太光明的强硬手段，把儿子一个个拽下皇位，死的死，流放的流放，以前无古人更后无来者的姿态，成为中国历史上第一位女性皇帝。她最需要的，就是士大夫乃至天下人的认可。

杨炯的这篇文章，字字顺意，句句恭谦，不仅完全认可女皇统治的合理合法性，还暗示她会成为古往今来帝王的典范。这么好的文章，女皇没理由不感动啊！

但遗憾的是，杨炯的命运并没有因此发生翻天覆地的变化，在当年，他被调任到盈川（约为今之龙游县、衢江区的一部分）任县令，官阶或许有点提高，但彻底远离了皇家范围。

其实想来也并不奇怪。当年，杨炯做的是太子李显的身边人。而他被贬，是因为自己的直系亲属以拥戴李显的名义反武则天，所以犯了事儿。作为武则天，她有可能对一个太子身边的旧人过于宠爱吗？文章再好，也只能让女皇叹息一声：可惜了！

事实上，这些内情，杨炯恐怕比谁都清楚，他只是不甘心这个结果，希望会有一点奇迹，但命运显然不遂人意。

二 为官当如是，百姓敬爱之

生活对任何人都是残酷的，生老病死，怨憎会，爱别离，一样也逃不过去。普通人面对命运的重击，可能只闷哼一声，就咬牙捱过去了。苦难于他们而言，只是一块混混沌沌的记忆，甚至在有生之年都有可能被忘记。但才子不同，他们把对生活和对苦难的思索，提炼成了流传千古的文字。

《旧唐书》对杨炯任职时的工作方式颇有微词："炯至官，为政残酷，人吏动不如意，辄榜挞之。"

由正史来看，杨炯是一个不怎么好相处的领导。动不动就大棒伺候。但奇怪的是，他只当了一年的地方官，却受到了当地百姓的无限爱戴。人们崇敬杨炯为神灵，为他建庙堂塑神像，相传盈川祠始建于唐证圣元年（695年），历代重修。杨炯祠内旧有联云："当年遗手泽，盈川城外五棵青松；世代感贤令，瀫水江旁千秋俎豆。"

古来为官者，如果在离任之时，有地方民众送万人伞相别，那简直是无上的荣光。即使是贪官，搜尽雪花银之余，对于这面子上的贴金也是十分在意的。杨炯在任期间并没有刻意拉选票，而是以自己的尽职尽责赢得了百姓的拥戴。据当时一些传说记载，说杨炯到附近乡村田野巡视，所到之处，庄稼的害虫就会被白鸟吃掉，粮食丰收，六畜兴旺。

如此可见，当地人是真正喜爱这位父母官，甚至不吝在他的故事里加入了神话色彩。

杨炯一定没有想到，在他这一生中，为官职、为名利苦苦挣扎的这许多年，居然在盈川这个地方洗去了所有的浮躁。

三 半生归来，依然是执剑的热血少年

回想这一生，幼时的杨炯以神童著称，年轻时虽未能担任重要官职，却自视甚高，恃才傲物，即使在今日也是妥妥的毒舌一枚。《新唐书》曾记载有关他为官时的一宗"拧巴"事："炯每耻朝士矫饰，呼为'麒麟楦'。或问之，曰：'今假弄麒麟戏者，必刻画其形覆驴上，宛然异物。及去其皮，还是驴耳。'闻者甚不平，故为时所忌。"

可见杨炯在京城时，特看不惯有些官员造作夸饰，掩盖真相，说他们是"麒麟楦"。有人诘问他，估计也是真没明白意思，此兄的解释也非常诚恳，言无不尽："你看街上那些弄假麒麟的，总是刻画头角，修饰皮毛，然后披在驴身上，大造声势，好像那是真的麒麟一样。等到撕掉那张皮，不还是驴吗？"

原来如此！骂人还可以这么拐弯，我们听来是受教了，但被骂的人自然心情相当不爽。处在这样一个不能随大流和谐共事的群体中，杨炯受排挤的命运也就不足为怪了。

哎，这也是愤青才子共同的特点吧。看不惯就要说，不说就如鲠在喉。但是，为什么没有考虑在背后悄悄说呢？

被命运拨弄着摔了一个又一个跟头的他，也学会了官场的规矩和套路。不然的话，他也不会急火火地一次又一次为女皇奉上吹嘘的文字。

如天赐般的才华，难道要消磨在这沉冗而无望的官场之上吗？他不是也曾以青苔和幽兰自喻吗？

> 苔之为物也贱，苔之为德也深。夫其为让也，每违燥而居湿；其为谦也，常背阳而即阴。重扃秘宇兮不以为显，幽山穷水兮不以为沉。有达人卷舒之意，君子行藏之心。

闻昔日之芳菲，恨今人之不见……虽处幽林与穷谷，不以无人而不芳。

青苔与幽兰是不会介意独处以及被冷落的日子的，就是这样的安之若素，才符合它们与世无争的高洁。而自己，一边感慨着身如兰花，一边却放不下世间的荣华。

无风而月明的长夜，当杨炯一人对月独酌，他一定也会回想起自己的青春岁月。时光残酷地把他消磨成了自己不喜欢的模样，但曾经的诗歌却记录了他所有的热血梦想。

忆当年，他还只是政府的一名图书管理员的时候，吐蕃、突厥曾多次侵扰大唐甘肃一带，唐礼部尚书裴行俭奉命出师征讨。年轻的他，虽不能从军出征，也豪情壮志，挥笔写下名篇《从军行》：

烽火照西京，心中自不平。
牙璋辞凤阙，铁骑绕龙城。
雪暗凋旗画，风多杂鼓声。
宁为百夫长，胜作一书生。

在历史记载中，杨炯的赋、骈文都很好，但最出名的，还是他的边塞诗。虽一日也未曾踏足战场，但灵魂和意识却在诗歌中快意恩仇。每一个孤清的夜晚，当他遥望明月，梦想已经在诗歌中飞向了铁马冰河的大漠。

冻水寒伤马，悲风愁杀人。
寸心明白日，千里暗黄尘。

只可惜如今岁月已老，两鬓苍然，孤灯明月，形只影单，伴着他的，只有一壶凉酒，两行清泪。也罢，人生不如意十之八九，对于任何人来说，心中所想和身之所在恐怕都难以统一。而人生最大的智慧就是随顺，既然解身在盈川，也应该为当地人作一番贡献。

到最后，杨炯终于解开了多年来内心中的这个死结。和王勃一样，当他终于可以心平气和地面对人生的时候，也是渡劫成功的时候。

（四）多少身后事，只付流云中

杨炯没有子嗣，他去世后，由他弟弟将棺木运回洛阳，生前，他曾托付好友宋之问帮忙处理身后事。而宋之问也兑现了自己的诺言，亲自为他建造墓地，把他的遗作编纂成集，又为之作祭文《祭杨盈川文》。

说起来也颇为感慨，同为唐代诗人，宋之问的才华相当出色，但因为过于追求权势，甚至巴结武则天的男宠张昌宗，一时被士人不齿。但没想到，在完成友人托付的身后事上，他却真的做到了无愧于心。

杨炯曾侍奉过的太子中宗李显，这位心软到懦弱，但毕竟善良而且长情的君主，在他复位之后，因为当年的共事关系，也追赠杨炯为著作郎。

从官职来看，杨炯只不过是一位默默无闻的基层干部。但是，他却实现了很多儒家学子的梦想，那就是，被后人千年留念。政绩上，他博得了百姓的热爱。而他的诗歌，更是被当世乃至后人汇编成册，并被赞誉为"整肃浑雄，究其体裁，实为正始"。

一度，对于他和王勃到底谁是四杰中老大的问题，人们争论不休。张说的说法是"杨盈川文思如悬河注水，酌之不竭，既优于卢，亦不减王"，陆时雍《诗镜总论》则说"王勃高华，杨炯雄厚"。但一个公认的说法是，杨炯的作品胜在"浑雄"，却在"神俊"方面失了一招。风流俊雅，当属"落霞与孤鹜齐飞，秋水共长天一色"的王勃。

而对于后来的学者来说，初唐四杰的文学造诣并不如此简单。他们最为后世文人学者感念的，是改变了初唐时期的文风。

五 他们是唐诗盛宴的开启者

在这几位文学天才问世之前，当时的诗风都是追求音律精细，对仗工整，辞藻巧艳。内容差不多都是吟风颂月，非常小资。这种文风盛行于齐梁年间，也被称为齐梁体。初唐初期，玩这类文字最厉害的是上官仪，也就是高宗时期的宰相，他因为写得一手"绮错婉媚"的宫廷诗，还博得了一个上官体的美誉。但是，这类文字就好比清晨的露水，划过夜空的流星，有诗影，却无诗魂。

当诗歌不能够植根于生活，诵读它的人，感受不到一脉相承的感同身受，那它的命运也如浮萍一样找不到根基。在这个时候，初唐四杰的出现，就是为几乎要奄奄一息的诗歌，注入了血液和灵魂。

尝以龙朔初载，文场变体，争构纤微，竞为雕刻。糅之金玉龙凤，乱之朱紫青黄。影带以徇其功，假对以称其美。骨气都尽，刚健不闻；思革其弊，用光志业。薛令公朝右文宗，托末契而推一变；卢照邻人间才杰，览清规而辍九攻。知音与之矣，知己从之矣。

这是杨炯在《王勃集序》中对王勃的赞美，他指出，首先是王勃提议改变"骨气都尽，刚健不闻"的上官体，诗歌不能只限于亭台楼阁、风花雪月，它的生命也应在江河海川、边塞大漠。最重要的是，诗歌应由心而发，而不是无病呻吟。对于王勃的提议，卢照邻热烈响应。他们两人曾在蜀州有一段相遇的缘分，估计赋诗的时候，就已经谈到过这个问题，并因为心意相通互为知己了。

看来，四杰其人，即使未曾深交，但彼此都是心意相通。因为他们的努力，才使得贵族式的齐梁体逐渐式微，磅礴大气的唐代诗歌正式拉开帷幕。

然而，命运并没有对天才有多少厚赏。在一般人看来，杨炯这一生，与他的才华相比实在黯淡无光。即使如此，他居然还是四杰中混得最好的一个。多年以前，当四杰名震天下，并齐聚京城的时候，号称善于相面的裴行俭就说过这样的断语，士所以致远，当先器识后才艺，王勃等人，虽有文华，但个个浮躁浅露，绝非享爵禄之器！有人问他们之后的仕途究竟会走到哪一步，裴行俭认为，看起来杨炯还是比较沉稳低调的，但也就是个县令吧。而其他三人，恐怕死不得其所。

裴行俭是当时的吏部侍郎，更是一位文武全才的大人物。他对四杰的印象既是如此，可以想象四杰在当时社会上被认知的程度。虽然名满天下，得到的尊重和爱护却少而又少。他们因恃才傲物、行为不羁而备受非议。才高位卑、名大官小的矛盾和愤懑，整整贯穿了他们的一生。

品中国古代文人

盛唐

王昌龄 李白
……

王之涣

留诗最少却声名远播 »»»

慷慨有大略，倜傥有异才

20 世纪 30 年代的某一天，在洛阳的一个古董市场上，一位叫李根源的金石学家收购了 93 块唐代墓志，也就是古人的墓碑。

李老先生带着这沉重的墓碑回到家里，一一清洗干净，并逐个欣赏浏览。在看到了一块名为《唐故文安郡文安县尉王府君墓志铭》时，他当时就呆住了。半晌，仆人才听到他几乎颤抖的声音："快，快去请章先生，就说我这里有他最喜欢的稀世珍品！"

他所说的章先生，是当时最著名的国学大家章太炎。在得到消息之后，章大师几乎也是一路小跑赶到李家。

终于，在他看清楚墓碑上面的文字，那断续的"歌从军，吟出塞，皎兮极关山明月之思，萧兮得易水寒风之声"字样时，大师也激动得热泪盈眶：没错，这确实就是他的墓志铭。

而让两位老先生都如此激动的墓志铭的主角，就是盛唐时期著名的边塞诗人王之涣。他的那首《凉州词》几乎唱绝古今。章太炎更是不折不扣的《凉州词》粉丝。他曾经非常肯定地认为，这首"黄河远上白云间，一片孤城万仞山。羌笛何须怨杨柳，春风不度玉门关"，应是七绝中的扛鼎之作。

如今，远隔千年，以这样特殊的方式与偶像穿越时空相见，也足以让人感慨万千。果然应了那句话"念念不忘，必有回响"。

时光如雾亦如电，君虽已埋泉下泥销骨，但君留下的诗歌却让后人牢牢地记住了君的名字。

一 被大咖们轮流模仿的世外高人

王之涣和王昌龄、岑参、高适，被并称为盛唐边塞诗歌的顶级大咖。但与另外三人不同的是，后者都留下了上百甚至数百首传世之作。而王之涣留于后世的作品却少得可怜，只有区区六首。

但是，高手出招，贵精而不贵多。只凭这六首诗，王之涣也牢牢地坐稳了边塞诗歌四大才子之一的交椅。

也许，对于王之涣本人来说，这个说法他不愿意认可。谁说我一生只有六首诗，还不是因为那收集诗歌的人眼睛长在额头上？对于有官职，或者曾经受到过当权者赏识的诗人，能留下的诗歌自然是丰富多彩。而对于王之涣这样一个曾经在家宅过十几年的"普通"人，被关注的机会，自然是少而又少。

但王之涣真的是一个普通人么？当然不是！他的这六首诗，不仅在当时及后世被广为传唱，"黄发垂髫，皆能吟诵"。更重要的，几乎每一首都被当时的著名诗人欣赏、效仿甚至化用。

比如这首《登鹳雀楼》中的"白日依山尽，黄河入海流"，被誉为神来之笔的"黄河入海流"，能在众多诗人的作品中看到相似的句子。他的好朋友高适似乎就特别欣赏这一句。所以，类似的句子也出现在了他的诗里"东入黄河水，茫茫泛纤直"。当然，化用得最好的莫过于李白的诗句"君不见黄河之水天上来，奔流到海不复回"，把王之涣的"黄河远上白云间"和"黄河入海流"轻松地全部纳入囊中。

还有王维的"劝君更尽一杯酒，西出阳关无故人"，与王之涣的这首"今日暂同芳菊酒，明朝应作断蓬飞"，简直是神之相似。

当然，即使是借鉴别人，能把自己的诗句化用到如此高明的境界，也只有王维这样的高手才能做到。

但是，同为众多诗歌高手所钦敬的王之涣，又是怎样一个人？他的人生，他的经历又是如何？很遗憾，不论是新旧《唐书》中都没有留下只言片语，只有《唐才子传》留下寥寥文字。直到那篇墓志铭被发现之后，熟读"欲穷千里目，更上一层楼"的读者们，才对这位被史书湮没的著名诗人，又多了一些了解。

二 半路出家的大叔诗人

王之涣，字季凌，有侠士之风，喜好壮游、结交名士，常击剑悲歌。看来，在盛唐，很多有名气的诗人也是使剑的高手。比如李白，他的诗中，就反复提到过剑："停杯投箸不能食，拔剑四顾心茫然。"还有那首《侠客行》："十步杀一人，千里不留行。事了拂衣去，深藏身与名。"而王之涣的好友高适，年轻时也是出名的市井游侠。他第一次出塞，在不得重用的失望中，也在诗句里提到"倚剑对风尘，慨然思卫霍"。

王之涣也是这样一个左手持剑、右手写诗的文武全才，《唐才子传》这样记录："少有侠气，所从游皆五陵少年，击剑悲歌，从禽纵酒。"由此可见，王之涣的家世不错，因五陵少年皆世家豪强子弟，从不为生计而发愁。在白居易的《琵琶行》中也有他们的闪亮出场："五陵年少争缠头，一曲红绡不知数。"而李白也有诗云："五陵年少金市东，银鞍白马度春风。落花踏尽游何处，笑入胡姬酒肆中。"

这样游游荡荡的日子一直过到了中年。其间也不知道有没有人催促小王同学应该奋发图强，专心学业。但终于，某一天早晨起来后，已经快变成老王的王之涣忽然改头换面，开始刻苦钻研诗书。这个转变之巨大，让他的两位兄长都面面相觑。

而且，最让人震惊的是，虽然他是在自家孩子都该参加科举考试的时候才想起来认真读书，但进步速度之快让人咂舌。之前他精于文章，之后又专注于写诗，成了不折不扣的文学中年。

三 爱上了诗歌，也找到了爱情

自从打进了文学圈子，王之涣也开始小有名气。但耐人寻味的是，王之涣从没参加过科举考试。也许因为不愁生计，也许是本来就有一份傲然的心胸。直到 38 岁，经人推荐，他才当上衡水县主簿。在这里，他还结下了一份不错的姻缘。衡水县令很赏识他，并将自己 18 岁的女儿许配给他。

彼时的王之涣，不仅大了这位少女快 20 岁，还是不折不扣的已婚人士，兼两个孩子的爹。但那位李氏还是情愿嫁给他——自己父亲的下属。在以后的日子里，还任劳任怨地陪着他甘苦与共，这实在不能不让人惊叹。当然，这和王之涣的名气绝对有关。而李氏对他，就好比粉丝嫁给了偶像。

娶了李氏的王之涣并没有从此意气风发，赚它一个夫贵妻荣的好身家。虽然平步青云，封妻荫子，是每个读书人的终极理想。但当理想和现实发生摩擦，不同性格的人做出的反应也是不同的。婚后不久，王之涣在任职中遭人诬陷，他没有选择妥协，而是毅然决然地辞职归田，回家赋闲去了。而且，这一待就是 15 年。

这必须是王之涣，如果没有这样慨然豪拓的性格，又何来他笔下边塞诗歌的大气和磅礴呢？

就如友人在墓志铭中的赞叹："慷慨有大略，倜傥有异才。"

当然，对于任何时代的人来说，有勇气辞职回家，应该都有一点经济基础傍身。身无分文就敢甩手不干，或者是年少无知，或者是不幸被上司炒了鱿鱼。

王之涣应该属于前者。在他的墓志铭中，他的好友靳能是这样描述的：“在家十五年，食其旧德。雅淡圭爵，酷嗜闲放。”

这段话翻译过来就是，王先生在家十五年，靠着祖宗旧业，安贫乐道。对于官场事务非常淡漠，最喜欢的就是放飞自我。

王之涣是一个性格豪拓，且很风雅并有生活情趣的男人。赋闲在家的这段时间，他或者与好友往来吟风弄月，或无牵无挂地背上行囊，游山玩水，当真是惬意得很。

（四）一首诗捧红了一座楼

那一年，他来到了山西蒲州，这里有一座著名的鹳雀楼。据宋代沈括在他的《梦溪笔谈》里说："河中府鹳雀楼，三层，前瞻中条，下瞰大河。因常有鹳雀栖息，故名。后为河水冲没。"

和其他著名的楼宇一样，比如因王勃而成名的滕王阁，因崔颢而被熟知的黄鹤楼以及因范仲淹而知名的岳阳楼等等，鹳雀楼的成名，也是因为有了名人的不断光顾。

在王之涣来之前，曾经有数位诗人的大作已经成为江湖传说。最著名的比如李益和畅当，先看看李益的《登鹳雀楼》。

> 鹳雀楼西百尺樯，汀洲云树共茫茫。
> 汉家箫鼓空流水，魏国山河半夕阳。
> 事去千年犹恨速，愁来一日即为长。
> 风烟并是思归望，远目非春亦自伤。

由楼述景，由景感怀。如果没有此后接二连三的高手上场，这首诗的江湖地位也是不可小觑的。但很快，它的光彩被另外一首来自诗人畅当的《登鹳雀楼》抢走了。这首《登鹳雀楼》字数不多，却被公认高远辽阔，志气凌云。

迥临飞鸟上，高出世尘间。

天势围平野，河流入断山。

　　唐代是一个诗人辈出，如繁星般璀璨绚烂的年代。事实上，对于鹳雀楼的赞美，到了"迥临飞鸟上，高出世尘间"时，已然让人惊叹了。但王之涣的出现，却真正地让鹳雀楼从此名扬千古。

白日依山尽，黄河入海流。

欲穷千里目，更上一层楼。

　　多少年了，当一个小孩子开始牙牙学语的时候，《登鹳雀楼》就成了他们的必读诗。这首文字浅直、却大气磅礴的诗，使得王之涣即使只留下6首诗，却也在如星河般耀眼的诗人队伍中成了最独特的一位。

五 旗亭画壁：诗歌界的传奇故事

　　这十五年，少了宦场里的沉浮，也不必探究人心的深远，王之涣的生活过得有声有色。同为文学中年，他还结交了不少好友，比如高适、王昌龄等等。有一个关于三人交往很有意思的段子，记载于唐代文人薛用弱的《集异记》中。也不知是否真有其事，还是写书人的编撰，被后人誉为"旗亭画壁"。

　　话说在开元年间的某个冬天，天还下着微雪。王之涣、王昌龄、高适三人共诣旗亭，贳酒小饮。

　　忽有梨园伶官十数人，登楼会宴。三诗人离席坐在一块，围着炉火看她们。

　　一会就有装扮华丽的四位歌妓前来，奏乐吟曲，唱的都是当时最流行的词曲，即当时网红诗人的诗歌。

于是几个人就忍不住窃窃私语。王昌龄说，我们几个人都自诩诗歌名家，但排名难定先后，不如趁着这个机会比试一把？

两人忙问如何比试？王昌龄说，很简单，就是看几位美女唱我们的曲子，谁的曲子被唱得多，谁就是老大。

一听到这个说法，两人都觉得甚为风雅，纷纷点头附和。一会，就听到一女伶唱起了王昌龄的"洛阳亲友如相问，一片冰心在玉壶"。王昌龄忙在墙壁上写了正字的第一笔：我的哦！

很快，又有伶人唱起了"夜台何寂寞，犹是子云居"。高适在心里暗喊了一个"yes"，我的！

紧接着，又一首"奉帚平明金殿开，且将团扇共徘徊。玉颜不及寒鸦色，犹带昭阳日影来"被伶人唱诵，王昌龄含笑致意，在墙壁上写下了正字第二笔。

到这时，没听到一首自己诗歌的王之涣，已经有点慌了：不应该啊！于是他灵机一动，对两人说："你们看刚才唱曲的，一看就是不入流的小歌手，所以，她们的品位也好不到哪里去！看看这位！"他指着众歌妓中最漂亮的一位说："等一会听她唱，如果不是我的曲子，我以后再也不和你们争高下了。如果是我的，你们必须拜我为师！"

过一会，这位漂亮的小美眉整装上台，轻启樱唇，唱出的曲子，果然就是王之涣的"黄河远上白云间，一片孤城万仞山。羌笛何须怨杨柳，春风不度玉门关"。

王之涣不禁大笑，志得意满地看着两人：怎么样怎么样？什么时候拜师啊？

其他两人也跟着哈哈大笑。拜师之说当然是戏说，但王之涣心里一定要暗暗说好险。不是自己实力不行，是对手很强大啊。

由此，旗亭画壁的故事也流传下来。旗亭就是酒家，画壁指的就是三人在墙壁上画写记号。

六 最是人间留不住，慷慨大略真异才

此情此景，如果发生在千年之后，在场观众也有章太炎的话，他一定也会引那位歌女为知己。在这位近代著名学者的心目中，王之涣的这首《凉州词》是七绝之首。

事实上，如果旗亭画壁的故事真的存在。那么，王之涣的"小胜"也真的是险胜，毕竟，和他同行的王昌龄被誉为"七绝圣手"，那首《出塞》中的"秦时明月汉时关，万里长征人未还"更是被后人推崇为唐诗七绝的压卷之作。

但如果真的一定要在这两首诗中一较高下，这对于古往今来的读者，都是很艰难的选择。毕竟，文无第一啊。

终于，在游荡了十五年之后，在进入五十知天命的年纪后，王之涣在亲友的力劝下，重新入仕。做了一名县尉。但很不幸，就在上任后的这一年里，他因染病不幸去世。55 岁壮年，卒于官舍，葬于洛阳。

就如他的好友靳能在墓志铭中所说的："命与时，才与达，不可偕而得矣。"这确实就是王之涣一生的写照。在所有人眼中，他"慷慨有大略，倜傥有异才"，而在官场上却始终籍籍无名。不过，比较让人宽慰的是，因为他对入仕并无过多的奢求，所以，无所得也无所痛。毕竟，古往今来，为官者浩如烟海，但留其名者，谁人如君！

孟浩然

原谅我一生放荡不羁爱自由 >>>>

学成了文武艺，就要卖与帝王家么？这对于唐代的许多文人来说，是个不必犹豫就必然点头称是的答案。从风流倜傥的初唐四杰到飘然如仙的李白，以及沉郁厚重的"诗圣"杜甫等人，都没能跳出入仕求官这一条路。偏偏，对于孟浩然来说，这个问题几乎困扰了他一生。

一 叛逆的性格从小到老

和很多其他诗人小伙伴的履历一样，孟浩然出身书香世家，排行老六，所以世人也称他为孟六。小时候，孟浩然的成绩一路飘红，十八岁时在老家湖北襄阳参加县试，一举夺魁。青春年少便出人头地，让孟浩然的老爹十分欣喜，望着爱儿意气风发的模样，他越发心里笃定：孟家的前程就靠此儿了！

但是，让孟老爹做梦也没想到的是，他还没来得及找个没人的地方偷偷笑个够，孟浩然的一句话，就让他懵了：那个啥，我不想去参加科考了！

已经得到了县试状元的好成绩，居然不想去京城参加科考，这是什么套路，怎么回事？孟老爹是想破头也想不通啊，你这不孝的忤逆，我，我打死你！

从古至今，从乖孩子到忤逆子，有时只差一个听不听话的距离。按说，十八岁的孟浩然早就过了青春叛逆期，他又为何做出这样的惊人决定呢？说来还真是天时地利人和相应和的结果。

孟浩然考中县试状元那一年，得到了当时的宰相张柬之的赏识，并设宴邀请他。张柬之也是湖北襄阳人，孟浩然与他既是老乡，还得到他的青眼，青云之路指日可待。谁想到命运在一夜之间发生突变，宴会之后，张柬之就因为遭到韦皇后和武三思的排挤，被流放到了岭南。

张柬之的流放对孟浩然的内心造成了极大的冲击，他开始重新审视自己所处的时代。当时，武则天去世，大周朝重新还政李氏王朝。但李显生性懦弱，他当政时，朝政一直由韦后和武三思把持，使得朝纲混乱，贤臣被贬。事实上，这也是任何时代的为官者都会遇到的坎坷。但孟浩然显然有点太理想主义了，他觉得即使自己入仕，也是为虎作伥而已。也许是因为气盛，也许是因为年轻，他毅然做出了绝不出仕这一决定。

孟老爹几乎被这个长出反骨的儿子气得发昏，他动员了家里所有能说上话的亲戚来劝导小孟同学，希望他"迷途知返"。但很遗憾，所有人都低估了孟浩然决心的程度。在一片口水声中，孟浩然干脆悄悄打好了包裹，躲到了一个叫鹿门山的地方，隐居起来了。

这一"叛逆"的举动，把孟老爹几乎气死。早知如此，还不如不叫你读书，当你学富五车、满腹经纶的时候，反倒将它变成对付家长的武器。就在孟老爹在家咬牙切齿、喃喃咒骂的时候，他绝对想不到，这还只是那个"不成器"的小子的第一招而已，他还没亮出更厉害的杀手锏。

二 "不学无术"的日子很愉快

自古以来，父母和子女的关系为"缘分"所系，其间自然也分为善缘和恶缘。孟浩然自然不是一个忤逆的混账，但他这一生，在大事上所做的选择，却无一例外地和家长对着干。

在鹿门山的日子悠闲自在，不愁经济，还有大把的青春可以挥霍。孟浩然的诗里都透着得意扬扬的悠闲。比如这首《登鹿门山》，就很清晰地表达了自己想做隐士的想法。

> 纷吾感耆旧，结缆事攀践。
> 隐迹今尚存，高风邈已远。
> 白云何时去，丹桂空偃蹇。
> 探讨意未穷，回艇夕阳晚。

意思就是，这里应该有隐士生活过吧，我怎么没找到呢？算了，天也晚了，我还是撑着我的小舟先回家吧。

而那首著名的《春晓》也作于此时："春眠不觉晓，处处闻啼鸟"，听听这话，一看就是年轻人，老年人早晨能有那么多觉么？最重要的是，因为年轻，所以还有心情感怀花花草草："夜来风雨声，花落知多少。"

三 初尝情滋味

心思如此细腻的人，在情感上也不会只是一张白纸。这一年，孟浩然偶遇了作为歌女的韩襄客。一个风流倜傥，多情才子正年少；一个婀娜绰约，娇美佳人刚好二八。恰如张爱玲的那句："于千万人之中遇见你所遇见的人，于千万年之中，时间的无涯的荒野里，没有早一步，也没有晚一步，刚巧赶上了，那也没有别的话可说，唯有轻轻地问一声：噢，你也在这里吗？"

最让孟浩然惊喜的是，这位韩美女不光是容貌出众，居然还是才女。当孟浩然奉上那句"只为阳台梦里狂，降来教作神仙客"，韩襄客也羞羞答答地回复："连理枝前同设誓，丁香树下共论心。"孟浩然的诗文用的是巫山神女的典故，而韩襄客的回答则是"感君缠绵意"的心领神会。从此后，郎情妾意，情浓一时。

但韩襄客也很明白，唐代虽较之于其他朝代更为开放，但等级观念依然极为严重。她一介歌妓，说什么也入不了孟家这样的书香门第。而歌妓的身份，也很难让她找到更好的归宿。白居易诗中的"门前冷落鞍马稀，老大嫁作商人妇"就是她们共同命运的写照。于是，襄阳一别之后，韩襄客便洗尽铅华，回到了自己的家乡待嫁。

本以为自己是个疏阔萧淡的性格，但孟浩然也没想到，他人生第一次遇到了韩襄客，便尝尽了相思的滋味。在一个举家欢聚团圆的除夕之夜，他却格外地想念远方的佳人。

渐看春逼芙蓉枕，顿觉寒销竹叶杯。
守岁家家应未卧，相思那得梦魂来。

自然，他也知道家有严父，不可能允许自己娶一个歌女进门，所谓穷极生智，辗转反侧之余，他想出了一个瞒天过海的主意。他拜托一位远房的叔叔替韩襄客做媒，但隐瞒了她歌女的身份。起初，一切都很顺利，几乎都进行到了过文定，但韩襄客的身份还是败露了。孟父震怒，完全不理儿子的苦苦哀求，执意退掉了亲事。

普通人遇到这样的事情，就算几经挣扎，最后可能也以黯然销魂收场。像宋代的陆游，与自己的表妹妻子唐婉儿是何等恩爱，那还是已经成了婚的，就因为严母的逼迫，最后竟以一纸休书收场。

所谓爱情高于一切，是现代人的专利。在一千多年前的古代，没有人敢于挑战父权乃至社会准则。

但孟浩然却太不一样了。他直接作出了让所有人瞠目结舌的决定：只身奔往韩襄客的家乡，在她家的小院里，就完成了自己的婚事。然后就毫不含糊地过日子，生孩子。虽然，之后一直没能得到家族的认可，依然无怨无悔。

一年后，孟父去世。估计也和孟浩然的"忤逆"有关。让你科考你不干，让你别结亲事，你还不干，敢情你就是上天派来气死我的。

回家奔丧的孟浩然遭受了双重打击。第一，他家中依然不允许他与妻子认祖归宗，有了儿子也不行。第二，同窗的数位好友先后取得功名。若是平日，孟浩然只会一笑了之。但父亲逝去的痛苦始终噬咬着他的心，而考取功名是父亲一直的期望，他想有一个交代。

四 长大原来就是学会了妥协

有人说，儿子的成长就是建立在父亲的死去之上的。这个时候的孟浩然，决定不再和世间规则作对，老老实实，握手言和，但命运却不再对他眷顾了。

事实上，从孟浩然第一次县试成功，马上就要平步青云，却横遭厄运开始，命运就已经写好了预示。

为父亲守孝三年之后，孟浩然游洞庭湖，以一首《望洞庭湖赠张丞相》，表达了自己的出仕之心。诗中的张丞相便是张九龄。他闻弦歌知雅意，马上把孟浩然举荐给了当时的唐玄宗李隆基。但遗憾的是，孟浩然的八字仿佛与朝廷无缘，最后的结果是，举荐未遂。

但不管怎样，这首诗却流传了下来。很少有人能把一首干谒诗也写得如此大气磅礴，不落俗套。先是赞景，然后曲曲折折地表达了自己的心愿。

> 欲济无舟楫，端居耻圣明。
> 坐观垂钓者，徒有羡鱼情。

我是想入仕，却没有门路。徒然在家，辜负了这大好的太平盛世。看着岸边钓鱼的人，我真是有诸多的羡慕啊。

只可惜，这首诗虽让无数名家争相夸赞点评，却没能入得了当权者的法眼。只能说……唐玄宗太没眼光了……

从那之后，孟浩然就开始了自己忙忙碌碌的求仕之路。在他的诗文中，也大多是苦旅中的感慨。而那首《宿建德江》，也正是从长安寻求无果后，赶往吴越途中所作。

> 移舟泊烟渚，日暮客愁新。
> 野旷天低树，江清月近人。

一年又一年的漂泊人生，徒添了一层又一层的乡愁。孟浩然从三十岁奔波到四十岁，依旧一事无成。

> 客行愁落日，乡思重相催。
> 况在他山外，天寒夕鸟来。
> 雪深迷郢路，云暗失阳台。
> 可叹凄惶子，高歌谁为媒。

五 收获一位著名的"小迷弟"

仕途虽然无望，但孟浩然的才气却由此闻名天下。连李白都成了他最热烈的小粉丝。一次偶遇，李白送给偶像的那首《送孟浩然之广陵》天下闻名，连如今的小娃娃都能张口而来："故人西辞黄鹤楼，烟花三月下扬州。孤帆远影碧空尽，唯见长江天际流。"

诗文虽写得唯美而意境悠远，但事实上，这又是孟浩然一次不成功的求仕经历。在碰壁 N 次之后，孟浩然发了狠心：求人不如求己，我何不走一场科考之路呢？

于是，不惑之年的孟浩然又辛辛苦苦地踏上了征程。还别说，他的这一次进京引起了不小的轰动。在这里，他认识了王维这位忘年交的小友。因为两人的诗文风格相似，使得他们相见恨晚。王维还带着孟浩然见天儿地出席各种诗会，很快就赚得了不小的名气。特别是在太学府写的那一首"微云淡河汉，疏雨滴梧桐"，更是名满京师。所谓"名动公卿，一座倾服，为之搁笔"，说的就是当时春风得意时的孟浩然。

只可惜，这名气虽响却没有对他的科考有任何帮助。这一次，孟浩然依然是铩羽而归。

也许命运也怜悯了这个才子的命途多舛，特地想再一次给他一个机会。就在孟浩然准备黯然离京的时候，他的小友王维约他最后一叙。据《新唐书》记载："维私邀入内署，俄而玄宗至，浩然匿床下，维以实对，帝喜曰：'朕闻其人而未见也，何惧而匿？'诏浩然出。帝问其诗，浩然再拜，自诵所为，至'不才明主弃'之句，帝曰：'卿不求仕，而朕未尝弃卿，奈何诬我？'因放还。"

多么痛的领悟！日日期盼天子的青眼，而如今，天子真的站在了自己的面前，他什么诗不好吟诵，却鬼使神差地诵出了那句吐槽的诗文：不才明主弃，多病故人疏。或许，他是想在读完这句诗之后，再泪流满面地给皇上好好讲一讲他这十多年来的劳碌奔波。但很可惜，天子的脸变得比翻书还快，不仅不为所动，反而加以斥责：是你自己不求官，我可从来没厌弃过你，你这是冤枉我啊！说完这番话，唐玄宗一脸傲娇地出了门，留下了目瞪口呆的王维和孟浩然两人在房内面面相觑。

一声长叹之余，孟浩然忽然觉得心内轻松了不少。看着好友一脸哀戚的样子，他反倒大度地安慰好友，并留诗以明心迹：

> 只应守寂寞，还掩故园扉。

看来，我是真的命里缺官，只能回去继续宅了。但不管怎样，我唯一舍不得的，还是你这个一心一意为我谋划的友人啊！

> 欲寻芳草去，惜与故人违。
> 当路谁相假，知音世所稀。

的确如此，茫茫人海间，只因彼此多看了几眼，就得了如此知音好友，也是孟浩然难得的福分。毕竟，老天确实待他不薄。

六 退一步便海阔天空的豁然

在王维捧着老孟的诗文惆怅不已的时候，孟浩然已经兴冲冲地踏上了归途。这一次，虽然同样是无功而返，但他真的已经把心结放下了。

回家之后的孟浩然，痛痛快快地迅速进入了梦想中的田园生活。他在平淡而有味的田园风光中，细致地品味生活之美。

> 故人具鸡黍，邀我至田家。
> 绿树村边合，青山郭外斜。
> 开轩面场圃，把酒话桑麻。
> 待到重阳日，还来就菊花。

和好友王维一样，孟浩然的诗也是一幅画。当然，前者如山云般高远，而孟浩然的诗，则是带着让人倍感亲切的人间烟火气。就以这首而言，不仅景致宜人，还带着浓浓的"饭香"。深秋的田庄内，正忙活着做黄焖鸡米饭的故人，此情此景，怎能不让人心向往之啊！

在隐居的日子里，孟浩然还结交了不少同道好友。比如那首《夏日南亭怀辛大》，想念的就是这样一位知心好友。

> 荷风送香气，竹露滴清响。
> 欲取鸣琴弹，恨无知音赏。

这样美的夜晚，闻得到池塘里的荷香，可以听到竹子上露水滴落的声音，我真想抚琴一曲，只可惜没有心仪的好友在身旁。虽说诗中有憾，但这诗境中的情趣与闲雅，如果没有一颗沉静如水的心，是感受不到更写不出来的。那个时候的孟浩然，是真的把整个身心都投入了自然的怀抱。

但孟浩然毕竟是个凡人，虽说他已把官位彻底放下了，却实在无颜面对家乡的亲友，从长安回来的这十几年，他几乎一直在吴越之地盘桓。孟浩然是个疏豪豁达之人，走到哪里，都自带主角光环。他对人坦诚，自然也交了不少朋友。但不管怎样，他乡不是故乡。在一个除夕夜，他还是不可遏止地想起了远方的家人。

> 乱山残雪夜，孤烛异乡人。
> 渐与骨肉远，转于僮仆亲。

久在他乡，壮志未酬，陪伴这些游子的可能也只有酒和好友了。就如李白所说的"古来圣贤皆寂寞，惟有饮者留其名"，孟浩然不仅才高八斗，酒量也不输人。只可惜，他人生中最后一次有可能被举荐的机会，也因为酒而误了事。

七 若为美酒故，万事皆可抛

据《新唐书》记载，"采访使韩朝宗约浩然偕至京师，欲荐诸朝"。在唐时，韩朝宗是一位著名的伯乐型官员，特别喜欢提拔后进。连李白都曾写下举世闻名的《与韩荆州书》，希望得到他的举荐。恰巧韩朝宗也是孟浩然的一位好友，他很同情孟浩然的遭遇，大约也听老友倒过不少苦水。于是，终于找到一个机会，打算约他一起到京城，打算在朝堂上推荐他。很不巧，就在两人约好的那一天，孟浩然家里有老朋友来，喝酒非常高兴，结果就把这件人生大事忘在脑后了。这时有人好意提醒他："你与韩先生有约定。"但酒酣耳热之余，老孟居然回答："没看见我在喝酒么？管他作甚！"结果，到最后也没有赴约，使得韩朝宗大怒，只身赴京，举荐的事儿自然也泡了汤。

很多人都因为这件事为孟浩然扼腕叹息，但孟浩然却并没有把这事太放在心上，该吃吃，该喝喝。不久之后，当他的小友李白知道了这件事，更是大为感慨，再次为孟浩然赋诗一首，明明白白地表达了自己的"爱慕"之情。

> 吾爱孟夫子，风流天下闻。
> 红颜弃轩冕，白首卧松云。

在李白的眼里，孟浩然简直就是他的偶像啊。反观自己，虽然自诩风流孤傲，但其实一直在不遗余力地结交权贵，你看看人家真名士，那才是真正地视功名如尘土。

面对小友的赞誉，孟浩然既得意又伤感。只是这伤感，他不会再对外人言了。为什么没有重视韩朝宗的举荐，并非醉酒，也并非冲动。事实上，在这二十多年的奔波中，他看过了太多的冷眼，尝过了太多的辛酸，已然对官场心冷。更何况，自己已经快到了五十知天命的年纪。恐怕，一生无法求仕，就是自己的天命了。

八 连"离去"都是那样畅意

尽管这一次失约了，但也并没有影响他与韩朝宗的友情。一年后，当韩朝宗被贬，平时迎来送往的人一时间纷纷人走茶凉之时，只有孟浩然，亲自前往送别。"岘首晨风送，江陵夜火迎"。

只因有了这份真性情，才使得孟浩然虽一世布衣，却拥有各个阶层的好友。当王昌龄被贬岭南路过湖北襄阳，也找到他来吐苦水。孟浩然深表同情，并赋诗相赠。

数年同笔砚，兹夕间衾裯。

意气今何在，相思望斗牛。

孟浩然送走王昌龄的那个季节，正是深秋。洞庭湖水起寒意，岸边枫叶知惊秋。望着老友佝偻的背影，孟浩然又心酸又有一丝对自己的庆幸：官场就像一个读书人的魔咒，人人都要尽力地冲进去，但又有几人能保全一生？翻手荣华，覆手离乱。转瞬之间，搭进去的，就是一生。

许多年兜兜转转，才终于想明白了这样一个道理。那一瞬，想必孟浩然的内心，一定是无比清明。还愣着干吗？回去继续享受我的清风明月呀。

只可惜，命运留给孟浩然的时间已经不多了。两年后，王昌龄从岭南遇赦回来。因为高兴，他特地转道到襄阳找孟浩然叙旧。彼时，孟浩然因为后背长了毒疮，医生叮嘱他绝不可以喝酒吃海鲜。但因为看见老友太高兴，加上席面上的美食诱人，孟浩然就忍不住开了戒。结果，就在王昌龄离开后不久，孟浩然就因为毒发不幸身亡。

一次欢乐的相聚，变成了悲痛的生死别离。谁也想不到，偶傥一生的孟浩然，居然以这种让人瞠目结舌的方式，告别了人世。

孟浩然去世后，不必说，涉事一方的王昌龄必然悲痛欲绝，心理阴影恐怕要大到再也不愿参加各种吃请。远方的王维，更是写文凭吊，画像瞻仰。

为什么那么多人都喜欢作为布衣的孟浩然？其实很简单，老孟代表了一个久居他们内心深处的梦想。在读书人的心里，都有一个隐士梦，但苦逼的现实使得他们即使一次次受伤，却又不得不涉足官场。只有孟浩然，在碰壁之后，决然转身，复得返自然。这一步迈得辛苦，却得到了无比的痛快。如今，连他死去的方式，都是由着自己的性子而来。这份洒脱，谁人能及？

王昌龄

谱写了大唐最壮志的豪情　》》》》

但使龙城飞将在，不教胡马度阴山

公元 698 年，在河东晋阳一个贫困的山村，一户人家的媳妇生了一个白胖的儿子。这对于全家来说自然是喜事，但那位疲惫苍老的父亲却满面愁容。

妻子看到丈夫不见笑容的脸，心里很是惴惴：郎君为何心情郁结？当丈夫的赶紧抹出一个笑脸：娘子休要多心。我只是想到，这孩子长得白胖喜人，投胎时却不甚会挑选，只落到了你我的寒舍之中。将来，不过又是一个庄稼把式罢了。

天下没有不忧心儿女的父母。他们总是愧疚自己不能给孩子更多，哪怕是已经付出了自己的全部。

这个男婴就是日后闻名天下的诗家天子，也被称为"七绝圣手"的王昌龄。而当年，他父亲的忧虑不无道理。因为王昌龄的家世太寒微了。要知道，对于一个农家子弟来说，能有机会进学，实在是天大的机缘与福分。史书并无记载他是如何学得一身的本事，以至于后来登科进士。但参考历史中那些出身贫寒的名人士子，想必这个过程一定非常艰辛。

一 诗家天子，出身农夫

一直到二十多岁，王昌龄都是一边在家耕地，一边手拿诗书阅读。白日耕锄，夜晚读书。这情形，落在一般人眼里，可能会觉得还蛮有田园诗意。比如陶渊明的《归园田居》曾这样写道："开荒南野际，守拙归园田。方宅十余亩，草屋八九间。"还有王维的《渭川田家》："雉雊麦苗秀，蚕眠桑叶稀。田夫荷锄至，相见语依依。即此羡闲逸，怅然吟式微。"诗中尽是一派闲适而悠然的田园风光，而这份向往也使得陶老夫子忙不迭地告别"误落尘网中，一去三十年"的红尘，急不可待地投入大自然的怀抱。

王昌龄的农耕生活其实是这样的，就如《诗经·七月》所述：

> 八月剥枣，十月获稻。为此春酒，以介眉寿。七月食瓜，八月断壶，九月叔苴，采荼薪樗，食我农夫。
>
> 九月筑场圃，十月纳禾稼。黍稷重穋，禾麻菽麦。嗟我农夫，我稼既同，上入执宫功。

一年到头，不得休息。如果遇到老天爷不高兴，整年的辛苦都要泡汤不说，还要忧心苛捐杂税，此外剩下的余粮够不够养家糊口还未可知。而王昌龄在这样艰难的环境中，一面做农夫，一面不忘诗书，也真是寒门中的翘楚了。

据《新唐书》记载，王昌龄在将近 40 岁时，才进士及第，补官秘书省校书郎。从一名农家子弟到官至校书郎，王昌龄的个人奋斗很励志啊。但他在自己的文章里却老老实实地坦白：很不容易，各种方式都一一尝试了，而且吃尽苦头。

最开始，他选择的是修仙求道，但真实目的当然不是羽化登仙。王昌龄毕竟是个读书人，他也知道古往今来，与求官相比，成仙的可能性小到不成比例。但为什么要绕这样一条弯路呢？很简单，在《上李侍郎书》中，他很坦白地说道："昌龄岂不解置身青山，俯饮白水，饱于道义，然后谒王公大人以希大遇哉！"意思就是，我在深山老林里，守株待兔，等待某位贵人出其不意地与我狭路相逢，并相见恨晚，立即举荐我到朝中为官。但很遗憾，这个可能性太小了，以至于我"每思力养不给，则不觉独坐流涕，啜菽负米"。

看到这段文字，实在让人有想笑又心酸的感觉。和现代人相比，诗人有一颗不加任何掩饰，几乎可比拟童稚的真心。这也是为何他写出的文字，始终"清如玉壶冰"。

二 为生计而出塞，却唱出千年名诗

修仙一路不成，王昌龄开始了他的边塞之行。

初唐初期，因为吐蕃大举进犯，引发了唐朝青年子弟的参军热潮。贫寒子弟也只有在疆场上才有机会出人头地，沙场虽然凶险，但也是建功立业的大好时机。像骆宾王花甲之年，还试图以军旅生涯再次冲击人生高峰。久居书堂的杨炯也长吁短叹："宁为百夫长，胜作一书生。"

史书中没有记载王昌龄是否是以军人的身份远走塞外。但是，在他二三十岁最好的年华里，都是在茫茫大漠和边塞中度过的。最开始，王昌龄曾短期盘桓于潞州和并州，也就是现在的山西境内。后来又漫游于西北河陇边塞，这一路的行程都在他的诗中有所体现："蝉鸣空桑林，八月萧关道。平沙日未没，黯黯见临洮。"

唐时的流浪诗人，就如同上个世纪末的流浪歌手，只不过是一支笔和一把吉他的区别。但王昌龄的初衷绝不是现代人推崇的诗和远方。他只是想在边塞这一行找到让自己不再平庸的机会。但他也没想到，这一路走，一路诗歌，生生就让自己炼成了那个时代最优秀的边塞诗人之一。

在中国的历史上，自周朝建立以来，似乎就一直和北方的游牧民族在拉大锯中纷争不断。西周时为了抵御犬戎的进攻，设立了烽火台，一旦出现突发状况可以号令天下诸侯。只可惜周幽王为博美人褒姒一笑，演出了一幕著名的烽火戏诸侯，褒姒倒是笑了，但西周也因此亡了。时光转至秦汉，即使秦军有虎狼之师，蒙恬的三十万大军也曾把匈奴打得十多年不敢南下，但日积月累的骚扰也让始皇帝不堪其扰，干脆自筑长城以供护卫。西汉初年，刘邦雄赳赳气昂昂亲自讨伐匈奴，却因为轻敌中计，被围在白登山差点饿死。从那之后，一直到死，都没再敢动和匈奴一争高下的念头。以骄横跋扈著称的吕后，接到匈奴单于的"调戏"信件，也只能低眉顺眼地回复："年老气衰，发齿堕落，行步失度，单于过听，不足以自污。"

汉朝这口气一忍就忍了七十年，直到汉武帝时期，兵精粮足，战备充分，经过四十四年的反击作战，终于取得决定性胜利。那一段铁血历史，让许多将领从此名垂青史，也给了后世的诗人们无尽的灵感和热情激昂的创作空间。

而王昌龄的这首《出塞》更被认为是唐诗七绝中的压卷之作。

> 秦时明月汉时关，万里长征人未还。
> 但使龙城飞将在，不教胡马度阴山

自秦汉以来，守卫边塞的军人换了一代又一代。他们所守的是中原辉煌的文明，阳关以外，不是故人，而是虎视眈眈、对富庶繁华的中原一直觊觎的铁骑异族。而为了保护长安这座东方文明的千年古都，每一个守卫边疆的将士都是在这寂寞、冷绝而枯燥的环境中，奉献了一生的青春和热血。

戈壁荒漠，漫漫黄沙，金戈铁马，冷月无声。危险时时就隐藏在空寂得几乎凝滞的每一个瞬间。这需要有一位充满智慧且勇敢的将领，他要有鹰隼般的敏锐，猛虎一样的爆发，狡狐一样的智慧，带领他的士兵们出其不意，随时打击来犯的敌人。

现实情况是，武官贪赏，或者好大喜功，又或者胆小惧敌。沙场无情，一个错误的指令，就使得多少热血男儿"万里长征人未还"。所以，诗人对于"龙城飞将"是多么盼望。只有他，才能真正守护一方平安，"不教胡马度阴山"。

王昌龄的这一首《从军行·其四》也被认为是边塞诗中的翘楚之作。

　　青海长云暗雪山，孤城遥望玉门关。

多年以前，我曾和好友自驾去西藏，走的就是青藏线。汽车驶过格尔木，就进入了连绵不断的青藏高原。这里和内地的景色完全不同，在这里，天一下子高阔而辽远，雄浑的祁连山脉连绵不绝，苍苍草原，笼盖四野，让你有感动到震撼的敬畏。

一千多年以前的青海湖畔，是唐王朝政府军与吐蕃贵族军队多次交战、激烈争夺的边防前线；而玉门关一带，则西临突厥，这一带也是烽烟不绝、激战连年。诗歌的前两句描述了悲凉壮阔的边疆景象，紧接着又以铿锵有力、激昂慷慨的笔触赞扬了戍边将士们保家卫国的豪情壮志。

　　黄沙百战穿金甲，不破楼兰终不还。

王昌龄虽为一介书生，却也随着唐朝军队南征北战，他经历了太多惨烈的战争，也目睹了将士为保家卫国付出的代价，乃至牺牲。但是，金甲易损，生命可抛，戍边壮士报国的意志却不会减。

然英雄气短，儿女情长。在这些边塞诗歌中，不光是奋战沙场的豪情，也有明月升寒空时，对家乡对爱人的思念。如这首《从军行》：

> 烽火城西百尺楼，黄昏独上海风秋。
> 更吹羌笛关山月，无那金闺万里愁。

读他的诗，可以从中看到一幅画卷，继而构想出一个荡气回肠的故事。

如果说读诗即能知其人，那么，王昌龄一定是一个外表落拓不羁，但内心却异常细致敏感的男人。比如这首《闺怨》：

> 闺中少妇不知愁，春日凝妆上翠楼。
> 忽见陌头杨柳色，悔教夫婿觅封侯。

春日里，一个喜气洋洋的少妇登上翠楼。但一瞥之间，却看到了陌上的杨柳青青。或许在某一年，她也曾和自己的夫婿言笑晏晏，携手共赏春色。但如今，劳燕分飞，人居两地，只因为自己一定要夫婿求得一个封侯拜相的身份。

这流连的心思，婉转的哀愁，明明是女子之间互诉的幽怨和情思，却在这个大男人的诗中一览无余。

三 恩宠是别人的

一边是铁骨，一边是柔情。即使在当年，王昌龄也因为自己的诗作而名满天下。但对于身世飘零的他来说，天下人知他，也并不如一个被朝廷认可的低等官位更为实惠。塞外漂泊数年之后，王昌龄在 30 岁左右重新返回长安参加了科举考试，中进士，开始步入仕途。

仕途不如意几乎是所有诗人共同的命运。进士及第后，王昌龄被授予秘书省校书郎。品位虽微，但据《通典》所说，此"为文士起家之良选"。王昌龄在这里干了六七年，一直未能晋升，却连带着写宫怨诗的水平大有提高。

昨夜风开露井桃，未央前殿月轮高。
平阳歌舞新承宠，帘外春寒赐锦袍。

诗中讲的是汉家的故事，流露出来的，却是千古不变的宫怨哀愁。后人评这首诗，说奇就奇在无一个怨字，讲的是恩宠，但这恩宠的观者，却是一个得不到恩宠的人。新赐锦袍，却与自己没半点关系。你说这份哀怨，是不是比春寒还要凉彻透骨？

当然，也恰似诗人多年从没有被关注过的黯淡的命运。

"玉颜不及寒鸦色，犹带昭阳日影来。"自己这样美丽的容颜还不如那只乌鸦，至少它总能够停留在昭阳殿上，和受宠的妃子一起，蒙受皇帝的恩宠。虽说是首宫怨诗，但诗人的抑郁和幽怨真是说得不能再明白了，明明早已名满天下，却总不被正主儿看好，这也让王昌龄有点着急。于是，他又参加了博学宏词科的考试，这一次，王学霸依然以优异的成绩通过，但录用的官职让他失望透顶。原来的校书郎还是一个九品，但这一次被授予的汜水尉还是九品之下。

四 奇异的离别，刻骨的心殇

即便如此，这个官位王昌龄做得也不顺当。他的八字仿佛天生就与官场犯冲，几年间，就被流放两次。官场虽然屡屡不顺，但王昌龄却交到四面八方的朋友，当时的大诗人李白、岑参、孟浩然、杜甫等都是他的好友。

当他第一次被贬到岭南，途中还在襄阳与相交十三年的老友孟浩然会面，两位诗人惺惺相惜，写诗相和，相约再见之期。

说来也蛮让人心酸。王昌龄是不当官则已，一当官就遭贬谪。孟浩然则是一直在求仕还是归隐的人生选择上摇摆不定。两人都因诗才名扬天下，却都在运气上差了不止一点点。不管怎样，孟浩然还是打起精神慰勉老友：

洞庭去远近，枫叶早惊秋。岘首羊公爱，长沙贾谊愁。

不管别人怎样看你，在我心中，你就是羊祜、贾谊一样的高才。只是暂时明珠在匣，宝剑藏鞘而已。

带着知己的勉励，王昌龄一路还算心情愉快。而且，就在第二年，玄宗大赦天下，王昌龄被召回。他非常开心地再度去襄阳见孟浩然。却不曾想这一次老友相会，却使得孟浩然魂梦归天。原来，孟浩然在之前背部长了毒疮，两人见面时，病情刚刚减轻，因为太兴奋了，就忘记了医生不准食河鲜的嘱咐。结果，本是一场接风宴，却成了孟浩然人生最后一餐，而这场乐极生悲的意外也成了王昌龄内心最恸的记忆。

五 世人不解的"冰心"

与孟浩然永诀的第二年，王昌龄被任命为江宁县丞。因这一个官职，王昌龄又被世人称为王江宁，就如同李白是李翰林、杜甫是杜工部、王维是王右丞等。但这个官职，王昌龄很不满意。自从被任命之后，他迟迟不上任，在洛阳多待了半年，日日饮酒消愁。也正是这些赌气的做法，使得他屡受非议。在《唐才子传》中也落得个"晚途不谨小节，谤议沸腾，两窜遐荒"的评论。《旧唐书》本传中又说他"不护细行，屡见贬斥"。

那个时候，王昌龄已经是 50 多岁，他难道真不明白该怎么保护自己不受非议吗？当然不是。只是多年的官场不如意，让他有太多的挫败感。除了消极怠工，他也想不出更好的法子反抗命运。

所以，尽管当时对他的"谤议沸腾"，还是有人替他辩护，比如诗人常建就曾写诗"谪居未为叹，谗枉何由分。午日逐蛟龙，宜为吊冤文"。而他自己，在远赴江宁做官而与好友告别的时候，也曾赋诗《芙蓉楼送辛渐》表明自己的心迹："洛阳亲友如相问，一片冰心在玉壶。"不要认为我王昌龄是一个不负责任的人，我的内心犹如玉壶一样冰清，我只是不愿意过多解释罢了。

六 好友满天下，俱是沦落人

终于，第二次贬谪也如期到来了。这一次，他被贬到了更远的龙标，也就是今天的湖南黔县。从表面来看，王昌龄被贬是因为"不谨小节"，更深层次的原因，是历朝历代官员们都不可避免的坑，那就是派系之争。王昌龄当时是坚决地站队在当时的宰相张九龄一边。一则大家都是文化人，张九龄也是当时著名的诗人之一，眼下中秋节时被用得最火的那句"海上生明月，天涯共此时"的本尊，就是张九龄。当年的他对王昌龄、王维、孟浩然等人也是诸多爱护。二则张九龄的官品非常好，忧国忧民又务实持重。然而，当他被奸相李林甫构陷，被贬官之后，身后的站队也由此七零八落。王昌龄虽然人小官微，却也毫不例外受到牵连。

当年，诗人是怀着如上坟一样的沉重心情去上任的，怀里还揣着好友李白为他写的送别诗："我寄愁心与明月，随君直到夜郎西。"

世人都知李白与杜甫的感情非常好。事实上，王昌龄与李白的感情也非常深厚。或许这从两人的诗品中能窥一二，两人的诗歌同属豪迈大气、开合天地的款式。试看王昌龄的"青海长云暗雪山，孤城遥望玉门关"与李白的"停杯投箸不能食，拔剑四顾心茫然"，可以完全无缝对接。而他的那句"人生须达命，有酒且长歌"与李白的"人生得意须尽欢，莫使金樽空对月"又是何等的情投意合，如果这二人相知相识却不能惺惺相惜，可谓人间之憾了。

当然，现实的结果是，两人不仅相遇了，而且热烈地仰慕彼此。只是，在他们相交的岁月里，总是被仕途不如意的愁云笼罩。为他写诗的李白，与他同是天涯沦落人。当时李白被流放到夜郎，也就是今天的贵州某地。他感慨自己无法陪伴好友，只能将自己的关心寄与明月，一直远远地遥寄祝福了。

让王昌龄没想到的是，此次的龙标之行，还成了他生命中难得的悠闲岁月。至少在他的诗中能看到这份悠然。

沅溪夏晚足凉风，春酒相携就竹丛。
莫道弦歌愁远谪，青山明月不曾空。

龙标八年，王昌龄不光具有诗名，还颇有政绩，当地县志说他"为治以宽""善政民安"，百姓也赞扬他"龙标入城而鳞起，沅湘夹流而镜清"，送他"仙尉"美称。而求诗者更是"溪蛮慕其名，时有长跪乞诗者"。

一边是史书说他"晚途不谨小节，不护细行"，一边却是当地县志和民众的交口称赞。所以说，光看正史论人是非，还真的是靠不住。

七　一场不知所以然的杀戮

天宝末年，安史乱起，肃宗即位灵武后，大赦天下，史书记载，王昌龄不知何故在这个时候离开龙标。但是在路过亳州时，却被刺史间丘晓杀害。说来也令人感慨，唐代的这些诗人，不知为何大多都是身世坎坷而且不得善终。没人知道王昌龄在兵荒马乱的年月，为何要离开还算安稳的湖南；也没人知道，他究竟为何糊里糊涂地死在了一个武将的杖杀之下。《唐才子传》记载，他"以刀火之际归乡里，为刺史间丘晓所忌而杀"。

这起莫名悲惨的杀戮事件，连史书都只能给这样一个含糊缘由。

这位被誉为"七绝圣手"的诗家天子，这样一位优秀而命途坎坷的文人，最后居然死于莫名的妒恨之手，这结局，无论怎样也不能让人接受。

间丘晓的报应也来得很快。同年十月，他作为一介武将因救援不利、贻误战机，而被当时的宰相张镐杖杀。据说，间丘晓临死前还哀求，"辞以亲老，乞恕"，镐曰："王昌龄之亲，欲与谁养乎？"

张镐的这个回答很有深意。本来，间丘晓被杖杀的原因是贻误战机，因他的失误而死去的性命何止百千！但张镐都没有提，只是说了王昌龄的名字。有人说，或许张镐就是王昌龄的一位忠实"粉丝"，他是在用这个机会替诗人报仇。但还有人认为，张镐能杀间丘晓，也是因高适授意，而高适也曾经是王昌龄最亲密的知己之一。

在那个傍晚，当如血般的残阳最后一次映在王昌龄的眼里，他的灵魂已经悄然飞跃出残破的躯壳。"他"越飞越高，不仅如风般飘荡到了自己的家乡，也飘荡到了老友的身旁，他清楚地看到想念他的家人们在得知噩耗时的悲伤与哭号，也感受到了老友的无奈和愤怒。他很想劝慰他们，不要难过，谁无一死？残喘于这苟且的人世早已不是我的愿望。

我的归宿，我最后的家乡在塞外，听那琵琶新声，听那羌笛幽咽，魂随黄沙而去，唯愿终破楼兰。

李 白

君为谪仙 >>>>

安能摧眉折腰事权贵，使我不得开心颜

公元 762 年，那是深秋的一个晚上。那个夜晚，与平时并无两样，只是那一天，月正中空，在幽蓝的夜幕上更加灿烂夺目。

年老的李白倚在病榻之上，目不转睛地望着天边的明月，不禁黯然长叹，此刻的他，是多么想回到自己的家乡啊，回到亲人的身旁。但思念愈烈，身体的孱弱却越来越严重，一个让他无可奈何的现实已经摆在眼前，属于自己的时日不多矣。或许，当涂真的就是他最后的归处了。

念及此，他忽然涌上一阵心酸。61 年的人间时光，说长不长，说短也不短。可是，有多少时日，他都是奔波在路上，迷离在酒中，在他的诗文中，仿佛所有的寄情都在山水美酒之间，只有他自己明白，穷其一生，他所追求的目标，就如这天边明月一样，望之清晰迷人，逐之却遥不可及。在生命的最后当口，他终于迟疑着想问自己一个问题：付出的这一生，是否值得？

只是，清风绕床，冷月无声。

身边的随从见他的脸色愈发灰暗，急急地找来了房主人，也是他客居此地的族叔——李阳冰。听到消息的李阳冰匆匆赶来，却只见这位族亲已经危在旦夕，明眼人不难看出，恐怕难以熬过今夜了。

李阳冰不禁双目含泪，紧紧握住李白枯瘦的双手："贤侄不必挂心，你只好好将养着……"李白惨白的脸上露出歉意："实在是叨扰太多时日，恐怕还要最后为难您一次，只是……"他眼望着床畔的一摞书稿，又望了望李阳冰，一时间竟说不出话来。

李阳冰心领神会，这恐怕是病人最后的嘱托了。马上点头承允："贤侄放心，这些我都会帮你结集装订，以待后世永传。"说罢此言，突觉不妥，这可不是应该让病人听到的，刚要改口，却见李白露出异常欣慰的笑容，交代完了人生最后一件大事，他也终于心安了。

就在这时，让李阳冰震惊的一幕出现了，卧床多日的李白，竟然挣扎着从床榻起身，并在随从的搀扶下，缓慢地踱到窗前，低声吟哦出这样几句诗：

> 大鹏飞兮振八裔，中天摧兮力不济。余风激兮万世，游扶桑兮挂石袂。后人得之传此，仲尼亡兮谁为出涕。

那一刻，晚风穿越整个堂室，窗外似乎传来细细的音乐之声，听之却不清切。

瘦骨嶙峋的李白，衣袂飘飘，仿佛就要乘风而去……

那一夜，远在巴蜀的杜甫辗转反侧，夜不能寐。在之前，他已经连续三个晚上梦到故人。"故人入我梦，明我长相忆。恐非平生魂，路远不可测"。

但杜甫可能绝没有想到，他担心的事情真的变成了现实，在他这一生中，他最喜欢、最敬重的好友已经客死异乡，梦魂他处了。

李白这一生，生在异乡，死也在异乡，他这一生，仿佛从未真正地属于这个人世。

一 绣口一吐就是半个盛唐

公元 701 年，李白出生在安西都护府管辖的碎叶城（今吉尔吉斯斯坦的托克马克市西南约 10 公里），还有一种说法是，他出生在唐剑南道绵州（今四川省江油市青莲乡），自言祖籍陇西成纪人（今甘肃省天水市秦安县），还有一说是绵州昌隆人。

这么多出生地的猜想也就罢了，有关李白的身世更是扑朔迷离。有人说，他的远祖为秦朝诛杀燕太子丹的名将李信，他的先祖为西汉龙城飞将李广。还有人说，他是北朝西凉国武昭王李暠之九世孙。因祖先在隋朝末年获罪被流放到西域，因此他也出生在那里。

李白出生前，母亲梦见太白星入怀，因此父亲便给他取名叫"白"，字"太白"。不知这个梦境是真是假。但在多年之后的某一天，当贺知章见到李白本尊，读到他的《蜀道难》，不禁连连惊叹：君谪仙人耶？

有关李白的才华，这是一个任何人任何时代都无法否认的事实。余光中曾这样赞叹："酒入豪肠，七分酿成了月光，余下的三分啸成剑气，绣口一吐就是半个盛唐。"

只可惜，这满腹的才华，化作了满天的繁星，光耀了那个年代，却独留他一生寂寞。就如杜甫在诗中为好友的那句不平："冠盖满京华，斯人独憔悴。"

那个时代，对天才是何其的不公！

据《新唐书》记载，李白"十岁，通诗书。既长，隐岷山，州举有道不应"。小小年纪的李白，不仅在诗书、楚辞、乐府上颇有造诣，他还花了很长时间学习剑术、道术，以及纵横术。最有意思的是，他甚至还在岷山学会了驯鸟。

但是，李白就是不愿意参加科考。即使有官员举荐，他依然一笑置之。除了写诗，李白的平生所好有这几样：剑术、酒、旅游以及道术。李白的剑术究竟有多高，据他自己在《与韩荆州书》中称："十五好剑术，遍干诸侯，三十成文章，历抵卿相。"由此看来，李白觉得自己的剑术高于诗歌的成就。

如果没有求官一愿，李白彼时的梦想，是做一名畅游天下的游侠。就如他自己在《侠客行》中的诗句：

> 赵客缦胡缨，吴钩霜雪明。银鞍照白马，飒沓如流星。
> 十步杀一人，千里不留行。事了拂衣去，深藏身与名。

由此可见，武侠的梦想，可不光是现代人的专利，千百年前，那位著名的浪漫诗人，已经给我们打了样板。我们与偶像也并非是山高水远的距离，至少，我们都曾经有过"仗剑走天涯"的梦想。

二 年轻时，他一直在路上

李白这一生，几乎都在路上。他的足迹曾遍布四川、湖北、湖南，甚至甘肃北京等地。旅行似乎就是他的灵感来源。在巴蜀，他留下了《蜀道难》；在安徽，留下了《望天门山》。一路行一路歌，李白彻底践行了把诗歌和远方都纳入囊中的豪想。

只是，年轻的时候，可以称作"漂游"，过了二十岁，就不免有"游荡"之嫌。二十五岁的李白来到金陵之际，开始拜谒当地的名流以期出仕。可惜当时的官宦都在为唐玄宗的封禅大典忙碌，无人搭理这位名不见经传的白衣。不过，这并不能影响这位年轻人浏览名胜的兴致，金陵不仅有王气，更给了诗人源源不断的灵感来源。那首著名的《长干行》，就创作于此。而那句"妾发初覆额，折花门前剧。郎骑竹马来，绕床弄青梅"，更是催生了"青梅竹马"这个成语。

金陵之后便是扬州。扬州自古便为富庶繁华之地，处处有酒家瓦肆，夜夜有管弦笙歌。当时，许多天下人的美梦，不是中彩票头奖，而是"腰缠十万贯，骑鹤下扬州"。

李白还真的是腰缠万贯到了这里，也不知道他是遇到了"杜十娘"那样的销金美女，还是遭遇了拆白党，总而言之，不到一年时间，就"散金三十万"，从一个富家子迅速沦落为一穷二白。

事实当然并非如此，李白生性豪爽，散金之行，不过是为交友。说到这，也不由得人不羡慕。李白这一辈子，似乎从来没有为钱发过愁，布衣的时候，他就敢"散尽千金"，如此豪阔的出手，必然是有丰富的家底为保障。至于到了长安，虽然为官不顺，唐玄宗还恭恭敬敬地"赐金返乡"，不像其他诗人，一生宦海沉浮不说，还始终两袖清风，真是"各有前因莫羡人"啊。

三 酩酊大醉中的第一场婚姻

二十七岁的李白在湖北安陆遭遇了人生中的第一场婚姻，他当然不知道，在这之后，还有二三四在排队等他。而这位妻子的家室也相当显赫，是唐太宗时名臣许绍之后、唐高宗之故宰相许圉师的孙女。

一个当地的大户人家，居然把女儿嫁给漂泊到此的外地人，除了李白同意当上门女婿的豁达之外，也得益于许家欣赏他的文采。在这里，曾有一位名人夸赞他的诗句：李白之文，清雄奔放，光明洞彻，句句动人。

从十几岁便开始四处飘荡的李白，总算暂时停驻了脚步。但以李白的本性而言，还真不算是一个好丈夫。在李白的诗中，有这样一首《赠内》，就是他送给夫人的："三百六十日，日日醉如泥。虽为李白妇，何异太常妻。"

太常妻典出《后汉书·周泽传》：太常，就是负责宗庙事务的官员。一个叫周泽的太常，每天都在宗庙里面不露面，妻子出于担心，去探视他。可是周泽反而责怪妻子违反了戒律，还把她送进了监狱。这在当时都是一件震惊四方的八卦新闻，大伙纷纷议论："生世不谐，作太常妻，一岁三百六十日，三百五十九日斋。"意思就是，谁倒了八辈子的霉，才会做了太常的媳妇，一年三百六十天，人家有三百五十九天都在斋戒，这还是人过的日子么?

李白如此自嘲，看来确实很有自知之明。酒是李白人生中最重要的一个角色，甚至比官位还重要。且不说他的许多诗文中都有饮酒的记录，有记载他得宠于唐玄宗身边的时候，也每每因酒误事。唐玄宗召之不来，因而不乐，他便醉醺醺地辩解：臣是酒中仙。

一群人喝的时候，他推杯换盏："将进酒，杯莫停。"两个人对酌的时候："两人对酌山花开，一杯一杯复一杯。"一个人独饮也不怕无趣，可以"举杯邀明月，对影成三人"。这个喝法，不烂醉如泥才怪。也难为他的许氏，居然从不生气，真是个奇女子。

也许，正因为这份宽容，李白对这位妻子的感情也非常深厚，在他远行长安，数年未归的时候，也曾作《寄远》十一首怀念家人，节选两首如下：

忆昨东园桃李红碧枝，与君此时初别离。
金瓶落井无消息，令人行叹复坐思。

泪尽恨转深，千里同此心。
相思千万里，一书值千金。

在这十一首《寄远》中，李白不仅以自己的口吻写诗给妻子，还以妻子的口吻写诗给自己。一口气承包两个角色，无缝衔接。看来，对于诗人来说，文字永远不是一个问题。

四 投递"简历"四处碰壁

但事实上，人总是在失意的时候，才会想到远方的家人。这个时候的李白，境遇是有一点狼狈。他先是拜谒宰相张说，很不巧张说病重，又通过他儿子张垍，住到了终南山玉真公主别馆。为了博得公主的欢心，他献诗给玉真公主。称她"清晨鸣天鼓，飙欻腾双龙。弄电不辍手，行云本无踪"。

文采是没得说，至少比王维当年写给玉真公主的"碧落风烟外，瑶台道路赊。如何连帝苑，别自有仙家"要热情奔放许多。更重要的是，李白崇信道教，而玉真公主也在道观出家，本来以为凭借着这层关系，公主能对自己青眼有加，谁知，却一直连"仙人"的影子都没有看到。

那是一个秋夜，偏偏还下着零星的细雨。李白再次求见玉真公主，却仍然没有见到真容，只有郁郁留诗，"翳翳昏垫苦，沉沉忧恨催。清秋何以慰，白酒盈吾杯"。最后黯然离开长安。

自此之后，李白便踏上了无止无休的求荐之路。曾有人提出过疑问，凭李白的文采，为什么不尝试科考呢？也未必就没有机会。有学者指出，因为李白出身商人之家，虽有"散金之财"，却没有参加考试的资格。这也是他一生中只能靠举荐才能出人头地的原因。他也曾给韩朝宗写文"干谒"，却如石沉大海。

按说，时任荆州长史的韩朝宗素有"伯乐"之称，他最喜欢提拔后进。而李白的那篇《与韩荆州书》更是举世名篇，为何就没能让他动心呢？说到底，李白文采虽高，但性格狂放豪拓，对于其他读书人而言，干谒文的标准规格是不卑不亢且谦虚有礼。而李白的这篇文却写得纵横恣肆，气概凌云。文章一开始，便破空而来，称自己"长不满七尺，而心雄万夫……而君侯何惜阶前盈尺之地，不使白扬眉吐气，激昂青云耶"？

然则，曾主动要求举荐孟浩然的韩朝宗，看到这样一篇气势磅礴的干谒文，却没了下文。只能让人猜测，或者他与李白八字不合，要不，就是他自觉撑不了李白这样的大船，只能放弃。

当然，彼时等待回音的李白，并不知晓自己的文字会流传千古，成为历代学者孜孜不倦研究的目标，他只期待韩朝宗能给他一个回信，但最后还是陷入失望。

或许，这正是当他听说孟浩然为了喝酒，居然拒绝了韩朝宗主动举荐的机会之后，不禁从心底击节赞赏。干谒文，写得再巧妙，也是求人托关系。而那位"孟夫子"，居然干脆拒绝了送上门的机会，真乃丈夫本色！也无怪乎李白会真情实意地写出"吾爱孟夫子，风流天下闻"。

只是，看到此文的孟浩然会不会有黯然的苦笑？彼时的孟浩然已年过五旬，李白现在走过的弯路，他一步不少地都已经踏足，所以才有了后来的彻悟。只是这份感慨，他只能深锁心中，而不对外人诉。

五 与"丹丘生"的缘分

之后的许多年，李白经历了人生的许多变迁。比如第一任妻子去世，留下一双儿女。好友王昌龄被贬，他写诗送别。再次遇到第二任，第三任妻子，又有了心爱的小儿子。但不管怎样的变故，也没有影响到他的一路漂泊，并勤恳地不遗余力地找人举荐。

在李白的这一生中，他遇到过很多欣赏自己的知己。但真正帮上忙的，要得益于他的诗歌《将进酒》中所提到的那位"丹丘生"。

岑夫子，丹丘生，将进酒，杯莫停，与君歌一曲，请君为我倾耳听。

如果没有这首名垂千古的诗，丹丘生不过是历史中一位籍籍无名的道士。而如果没有他，李白进入大明宫的道路可能又要曲折许多。真个是你中有我，我更是离不开你。

李白第一次入长安求仕，走的是玉真公主的路子。也许是引荐人太弱，李白连公主的真容都没有看到。而这一次不同了，诗中的这位丹丘生，也就是元丹丘，以道家流受召入朝，而他的身份，必然会受到玉真公主的礼遇。此时他的引荐，便有分量了许多。随即，唐玄宗便征召李白入京。

42岁，终于得到了人生中的第一个机会。李白此刻的心情，应该是悲欣交集吧。就如他那首《南陵别儿童入京》，"呼童烹鸡酌白酒，儿女嬉笑牵人衣"，自己将再次远行，而儿女尚在稚龄，对离别懵懵懂懂，正因如此，便格外让人心酸。

李白这一生，与妻儿都是分离多，相聚少。特别是对孩子的柔情，像这样能写进诗句中的，更是不多见。但不管怎样，他是不会放弃这次机会的。就如诗中的末句："仰天大笑出门去，我辈岂是蓬蒿人。"

六 酒中"二仙"的首次相遇

李白的这一次入宫之行，顺利得让人不敢相信是真的。他在紫极宫遇到了太子宾客贺知章。虽然大家都是文艺同行，而且，贺知章还大出李白将近40岁，但当他听说眼前站着的这位就是《蜀道难》的作者真身，顿时激动万分。连声问道："君谪仙人乎?"

听到这样高度的赞美，饶是李白一生阅人无数，宠辱不惊，也不禁有点脸红。他还没来得及谦逊几句，却被眼前的白胡子老头一把抓住：有朋自远方来，不亦乐乎！今天，你我兄弟必须一醉方休！

听及此言，李白有点哭笑不得。别说是兄弟，就算是论叔侄儿，两人这年岁都有点勉强。但不管怎样，喝酒是李白的强项啊！纵然他还有几句预备说出来的客套话，此刻也消失得无影无踪。在进入酒馆之前，他只希望眼前的老爷子，最好身子骨和精神头一样结实，别被他千杯不醉的酒量给放倒。

说到这，其实是李白对贺知章的酒量不甚了解。别看这位老先生年岁已大，却是不折不扣的酒仙一位。大诗人杜甫的著名诗篇《饮中八仙歌》中第一个就说的是贺知章："知章骑马似乘船，眼花落井水底眠。"说他喝醉以后，骑在马上前俯后仰的，就像坐在船上一样。结果，醉眼昏花地掉到井里头，他干脆就在井底睡着了。

而这一次，酒中八仙中的二仙相遇，注定天雷勾地火般声势浩大。而这场酒，也无疑是喝得前所未有的嗨，到最后，因为付不出酒钱了，贺知章随手就把身上携带的金龟袋解下充酒资。李白急忙劝阻：这可不行，这是您上朝必佩之物啊！喝得脸色红扑扑的贺知章却毫不在意：酒逢知己千杯少。你不也常说，五花马，千金裘，都能换美酒，何况一袋儿？而这段经历，也被李白写到了日后的回忆里：

> 四明有狂客，风流贺季真。
> 长安一相见，呼我谪仙人。
> 昔好杯中物，翻为松下尘。
> 金龟换酒处，却忆泪沾巾。

一顿酒下来，贺知章与李白已经互称知己，他在第二日上朝之后，就向唐玄宗盛赞李白的才华。有这样连续的大力举荐，李白很快被迎进大明宫，成为盛唐以来最被君王宠幸的诗人，风头一时无两。

据《唐书》记载，李白被"召见金銮殿，论当世事，奏颂一篇。帝赐食，亲为调羹，有诏供奉翰林"。

数十年的术业专攻，兼之天涯漂泊的岁月，让李白积累了丰富的世事经验，加之他疏阔豪迈的性格，即使面对九五之尊，依然能侃侃而谈，没有丝毫惧色。更重要的是，人家本来就是这样一个天生才子。他与唐玄宗的相遇，不是李白的荣幸，而是皇室的运气。

在这次非常愉快的会晤之后，唐玄宗对李白的"恩宠"达到了顶峰，不仅"亲为调羹"，更封他为供奉翰林，草拟文告，陪侍皇帝左右。每有宴请或郊游，唐玄宗必命李白侍从，让他赋诗纪实。

七 被恩宠的"笼中鸟"

尽管在外人看来，他得到的恩宠无边，但这种生活对于李白来说有点困惑。在最初的飘飘然之后，他蓦然发现，自己被禁锢了，以荣华尊崇之名，锁在了皇帝身边。

李白很苦恼，他多年苦学，四处求索，不就是想进入这个国家最高统治圈子，成为众人景仰的大人物么？但眼下的这个位置离他的要求实在太远。他想成为济世救民的贤臣，而不是一个随伺皇帝的跟班。虽然同在京城，同在朝廷，但两者的差距太大了。

苦恼的李白，不知不觉又找到了酒这个好伙伴，而且越喝胆子越大。有时候，在皇帝召见的时候，都发现他喝得云里雾里，酒气熏天。

这样的状态，如果换到一般人，早就惹得龙颜大怒了。但唐玄宗出乎意料地并不因此生气。也许，在他心里，李白并不是朝堂论事的普通臣子，就是一个放浪不羁的文人，要求不必过高。

那一日，唐玄宗带着杨贵妃去御花园赏花，风和日丽，美人名花，看得唐玄宗心花怒放，于是马上又宣来李白作诗。谁知道，去宣的人回来说，夫子又醉了！唐玄宗心情很好，不以为忤：醉也没关系，就让他醉着写诗！

《旧唐书》记载，李白被"召入，以水洒面，即令秉笔，顷之成十余章，帝颇嘉之"。而这时所做的诗文，就是那一组著名的《清平调》。

电影《妖猫传》曾努力地还原过这一浪漫唯美的场景。华丽庄严的大明宫，如仙子般妖媚的杨贵妃，当微风拂过面庞，醉意醺然的李白忽然灵感奔泻，略一思索，便下笔如电。

> 云想衣裳花想容，春风拂槛露华浓。
> 若非群玉山头见，会向瑶台月下逢。

虽说这只是一组奉制而作的诗歌，但"云想衣裳花想容"这句神来之笔，却不由得不让所有读者为之赞叹。

仅仅十年之后，那位大唐王朝最著名的美女就已经香消玉殒在荒郊野外。很少有人真正目睹过她的长相，而看过她的，在多年以后，也不会再记得她的容颜。只有这首诗，这句话，却永远把她的美丽定格在了时光的尘埃里。

看到朝云或晚霞，就会想起她华贵的衣衫；看到美丽的花朵，就无法不想起那张曾经倾城的容颜。

而那场电影，也借着杨贵妃的台词，说出了创作者最由衷的心声：李白，大唐因为有了你才这样精彩。

只是，当时的那些人虽然明白自己拥有一块稀世美玉般的珍宝，却从没珍惜过它的存在。终于，李白也不耐烦了。他不愿久居尘埃，但更不愿成为被王宫豢养的宠物。既然在朝廷不能施展自己的志向，不如归去。

那一年，李白送别了两位挚友。一个是忘年交贺知章，他向朝廷请命归隐，立志去当道士。另一个就是当初引荐过他的好友元丹丘。

京城虽热闹，李白却感受到了前所未有的孤单，那一刻，他已萌生了退隐江湖、潜心修道的念头。结果，一个月之后，他就向唐玄宗请辞归去。

八 继续带着理想去游荡

说实话，面对李白的请辞，唐玄宗很矛盾。留住他吧，自己宠爱的朝堂重臣李林甫也表示很不开心。原因很简单，因为李白的狂放和直言不讳，已经得罪了不止一打人。特别是那次作诗时，让高力士脱靴的事件，更是引发那位老宦官的怨念，一来二去，撺掇着连杨贵妃也对李白表达了不满。但让他走吧，可能再也遇不到这么有才华的诗人了。思来想去，算了，还是美人比较重要，且让他走吧。

由是，李白便被他充满一生期望的大明宫彻底抛弃了，走时的代价，是唐玄宗赠送了一大笔离职金。

带着这笔钱和一颗失望的心，李白郁郁地离开了京城，说不失落是假的，但失落又有何用？毕竟自己还是有着更远大的理想，那就是修道成仙！

想到这个，李白有点小兴奋。在他的理想中，修道和入朝是同等重要的，既然计划一已经被打破，那就重启计划二吧。从那之后，李白又启动了自己野心勃勃的"成仙"计划。

也是在这个时候，他遇到了杜甫。别看杜甫流传下来的画像都一脸苦闷，比较老相，事实上，在他遇到李白时，他比李白还小十几岁，是不折不扣的小鲜肉。看到偶像有着如此远大超凡的计划，他立刻决定，不离不弃，生死相依。

说"生死相依"有点夸张，但从杜甫这一生写给李白的诗歌中可以看出，他对偶像的感情非常深厚，尽管李白曾经喜欢过王昌龄，喜欢过孟浩然，喜欢过汪伦，还为他们时时赠诗。但面对杜甫三天两头的诗书往来，李白的反应总是淡淡的，未免有点让人惆怅。

高适也是在这个时候，与他们相遇的，并且有了一段难忘的把臂同游的好时光。当然，他们谁也没想到，这段情分到最后，竟然化成了那样难堪的结局。

九 修道也无法按捺的寂寞与多情

这段日子，按理说，应该是李白生命中不多的舒心岁月。之前的他，虽然也时常游历山水，但内心总有着未达志愿的焦灼。如今，求仕心愿已死，就只剩下享受生命、修仙寻道的乐趣了。但实情则不然，在他这个阶段的作品里，依然有着对世情的失望和愤懑。

比如《梦游天姥吟留别》，这是李白创作的一首著名的游仙诗。诗的前半部分，文字瑰丽，想象大胆。

> 天姥连天向天横，势拔五岳掩赤城。天台四万八千丈，对此欲倒东南倾。我欲因之梦吴越，一夜飞度镜湖月。

但诗的结尾，却难掩落寞：

> 世间行乐亦如此，古来万事东流水。别君去兮何时还？且放白鹿青崖间。须行即骑访名山。安能摧眉折腰事权贵，使我不得开心颜！

那时的李白，已经离开长安两年多了，却依然耿耿于怀。他本是怀揣着报国志愿来到长安，然而，瑰丽奢华的大明宫，却轻易粉碎了他的信念。

好在命运这个时候还为他准备了一份厚礼。在他四十六岁这一年，他邂逅了最后一位妻子，宗楚客的孙女宗煜。

宗楚客是武则天时期的宰相。在历史上虽然风评不怎么样，但毕竟是个大家族。李白的第一任和最后一任妻子，都不约而同地出自名门。

已经快到了知天命的年纪，又走进婚姻，李白的桃花运不可谓不旺。最让人惊喜的是，他的这位夫人居然也一样爱好修道，两人是真正的志同道合。

李白这一生都没有为钱财的事情操过多少心。不像杜甫，住着风雨飘摇的茅庐草堂，还眼见着最小的儿子因为没钱治病而丢了性命。虽然没为钱财发过愁，但他却没法做到关上家门，做一个闲散游仙。不管在哪里，他都惦记着世情，关注着朝堂命运。

偏偏那几年，又是大唐盛景之下危机深重的年份。奸相李林甫一命呜呼之后，宰相位置落到了贪婪却蠢笨的杨国忠身上。彼时唐朝边境战乱不断，杨国忠讨南诏国（今四川西南部境内的少数民族）大败，死六万人。高仙芝攻大食国，大败，死二万人。安禄山击契丹，大败，死数万人。

看似繁华盛景的大唐帝国，已经初露凄凉之象。

这个时候的李白，有点坐不住了。他再次游历长安，并试图结交当时的名帅哥舒翰，只可惜，对方是高适忠贞不贰的粉丝，其他人纵然大过天，也入不了他的法眼。

两年后，安禄山叛乱，天下大乱。李白和妻子一起逃难避入庐山。他在庐山五老峰筑巢隐居，与青松白云为邻，日间读书，夜晚修道。山外是生灵涂炭的人间地狱，而山内却是安然的世外桃源。

但对于李白来说，这样的独善其身，真的是做不到。在这首诗里，他就曾表达过自己矛盾的心情。

西上莲花山，迢迢见明星。

素手把芙蓉，虚步蹑太清。

霓裳曳广带，飘拂升天行。

邀我登云台，高揖卫叔卿。

恍恍与之去，驾鸿凌紫冥。

俯视洛阳川，茫茫走胡兵。

流血涂野草，豺狼尽冠缨。

这也是一首游仙诗。上半部分，是李白自述得到仙人的接引，腾云驾雾在天上。这时，却蓦然发现，因为安史之乱，人间一片惨景。在这样的境遇下，他即使做神仙也不能心安。

十 初心赤诚，结局惨淡

就在此时，永王数次下聘书请李白出山。尽管李白十分留恋这种隐居生活，但生在乱世，不能不担负一份责任。走之前，他是下决心一定要重返的，甚至写诗为证："与君再会，不敢寒盟。丹崖绿壑，神其鉴之。"

以李白的初心而言，他原以为这次下山，是去做一个辅佐唐室、平定叛乱的忠臣义士。但转眼间，因为永王李璘的异心，他也跟着成了分裂唐室、从事叛乱的逆臣贼子了。这是李白在离开庐山奔赴李璘军营时，绝对没有料想到的。

不久，永王李璘兵败被杀，李白也被捕入浔阳狱中。

一次充满热情的忘我付出，居然变成了这样一个让人哭笑不得的结局，这大约是李白五十多年的人生中最惨痛的一次经验。那一次，他开始正视自己的人生和性格缺陷。造就这一切的，未必只是外境的坎坷，又何尝没有自己的责任？

当时，为了抗击安禄山的大军进攻，李隆基把军力财力分给不同的皇子掌握，所以李璘才有了机会驻守江南。在接到登基的新皇要求进京的旨意之后，李璘却一意孤行，意图划江分治。李璘手下的谋士看情况不好，很多人都已经悄悄逃离。只有李白，却全然没有离开的意思，还为永王写诗咏诵。这个时候的他，究竟是政治能力太低？还是心存侥幸，想参加一次人生的豪赌？

不管怎样，这一次的大错无可逃避。

在得知丈夫遭难之后，还在庐山修行的宗氏马上下山营救，不仅她自己，整个宗氏家族都给予了援手。本来，李白觉得这次对自己最可能有帮助的，就是曾把臂同游的高适。

说来人生也真是让人感慨，几年前，他和高适还曾经在一起喝酒畅游，谈天说地。但这次战乱却使得彼此的命运发生巨变，高适因为跟住了唐肃宗，一跃成为朝廷重臣，而李白因为站错了队伍，变成了阶下囚。

李白在狱中写过一封书信给高适，希望他给予帮助。"高公镇淮海，谈笑却妖氛。采尔幕中画，戡难光殊勋。我无燕霜感，玉石俱烧焚。但洒一行泪，临歧竟何云"。

彼时的李白，一边痛悔着自己的遭遇，一边希冀着好友能够伸手拉他一把，各种复杂无望的心态使得结尾的这句"但洒一行泪，临歧竟何云"尤其感人。但高适又是怎样的态度呢？

当李白的夫人宗氏几次入府拜访，居然连高适的影子都没有看到。

但是，让人欣慰的是，欣赏同情李白的人还有很多。在得知他的遭遇之后，当时的江南宣慰使崔涣与御史中丞宋若思极力相救。特别是宋若思，他就是李白这宗案子的主审，在他们的相助之下，李白总算是逃过一劫，并成了宋若思的军幕参谋，掌军中文书事务。

但逃过一死不代表就逃过了惩戒。之后，李白还是因为此事被流放夜郎。那一年，他已经五十八岁。

被捕入狱并不是谪仙人生中的最后一劫，零零碎碎的痛苦还在不断折磨着他。流放夜郎的途中，他的情绪始终非常低沉，在给妻子宗氏的信里，也有了一份悲凉的怨念。

> 夜郎天外怨离居，明月楼中音信疏。
> 北雁春归看欲尽，南来不得豫章书。

应该说，李白从来也不是一个让人省心的丈夫或者父亲。每一个嫁给他的妻子，都需要忍耐他的长期漂泊在外和不负责任。这也罢了，最可怕的是，还时不时惹上性命攸关的麻烦。

十一 曾闻子规啼月夜，如今又见杜鹃花

尽管悲凉，尽管有时也会绝望，但这世间，没有什么可以改变李白对人生的信仰。不管处于怎样的绝境，也不管马上就要到花甲的年龄，他的内心依然有一团不灭的火焰。

在流放夜郎被赦之后，李白本打算以修行的方式度过残生。但是，在那段时间，也恰逢史思明叛乱，这一年，天下大荒，甚至出现了人吃人的惨剧。

这个时候的李白又坐不住了。他最后一次告别了妻子宗氏。一路漂泊到金陵，希望作为幕僚加入大将李光弼的军队。那一年，他六十一岁。

但很遗憾，这一次的失败并非遭遇拒绝，而是他自己病倒了。也许，李白也没有想到，这是他人生中最后的一次壮志难酬。

公元 762 年春天，李白挣扎着病体一路来到安徽当涂，借宿在族叔李阳冰家中。那一年，在他的诗中，流露出即将归去的淡淡的哀伤。

> 蜀国曾闻子规鸟，宣城还见杜鹃花。

一叫一回肠一断，三春三月忆三巴。

在许多古诗中，杜鹃即为不祥之鸟，预示着悲哀和离别。在这个春天，李白已经越来越清楚地感受到，他大限将至。

十一月，深秋。当天边最亮的那颗星星隐去，一代谪仙李白卒于当涂。

王 维

高山晶莹雪 ≫≫≫

行到水穷处，坐看云起时

唐代从来都是一个不缺乏人才的时代。但是，在公元701年，上天对于盛唐特别慷慨，有两位天才同时降临于世。一位是诗仙李白，而另一位就是著名的诗佛王维。

王维无论放在哪一个时代，都是一颗最璀璨的明星。他不仅诗文了得，更在绘画以及音乐等方面才华出众，是不折不扣的全才型人物。

偏偏史书还曾经这样介绍过王维的颜值："妙年洁白，风姿郁美。"如此看来，这样一个才华横溢的帅哥，无论活在哪个时代，都是一路走，引来一路尖叫的偶像级人物了。

但这一切，对于王维来说，都太不重要了。他这一生，遑论是否得到世人的关注和尊崇，连要不要做官，他都一直在纠结中。虽然集众多才华于一身，但晚年的王维生活却异常简单，甚至刚从官舍回来，便把自己关在一间异常简陋的屋子里，静坐打禅。真正做到了孔子所说的"一箪食，一瓢饮"足矣。

这个乐于清静，志于佛禅的天才诗人，还是当年那首著名的"红豆生南国，春来发几枝。愿君多采撷，此物最相思"的作者吗？他的一生，因才华过人而被世人所瞩目，为何在晚年，却完全把自己封锁在自己的世界里呢？

一　一个被诗歌"耽误"的隐士

公元 701 年，王维出生在山西太原。家族是赫赫有名的太原王氏。太原王氏作为天下四大姓之一，在晋朝时达到顶峰。今天我们熟知的名人，比如秦朝大将王翦、书法家王羲之、诗人王勃都是王氏子孙。

而王维的出身更特别。不光是他的父姓荣耀，母亲这一族也是声名显赫，出自同样尊贵的清河崔氏。这个家族，和太原王氏以及陇西李氏、赵郡李氏、博陵崔氏、范阳卢氏、荥阳郑氏等并列为五姓七族高门。

但显赫的家族也没有带给王维太多美好的童年。王维 9 岁丧父，他和几位弟弟妹妹的教育都是由母亲一力完成。

王维的母亲是一位虔诚且修养颇深的佛教徒。而她的教育也在王维日后的诗文乃至绘画中产生了深刻的影响。王维，名维，字摩诘。事实上，这个名和字就是把印度一位著名的佛学大师的名字"维摩诘"拆开使用的。

十五岁时，王维离开家乡来到长安。那时的长安，是天下所有才子梦想的天堂。而长安不易居，王维动了个小心思，他没有和其他人一样，在熙攘的人群中拼全力为自己杀出一条血路。赢是一定要赢的，但姿态一定要优雅。

他走的是一条很多文人都走过的老路，隐居终南山，扮成隐士的模样，等待着与达官贵人的偶遇，然后走一条"终南捷径"。看来，有着天上掉馅饼幻想的，不光是现代人，这个梦已经被做了千年了。

只不过，这个梦想最终得以实现的，好像特别少。比如王昌龄，在山里隐居了很久。可能是隐藏得太深，始终没能遇到有缘人，最后不得不硬着头皮走上出塞之路。

而王维，他仿佛就是属于这片山水的人。最初的隐居理由，或许是为了"钓鱼"。但是，在山里隐居越久，他越怡然自得，觉得这才是自己想要的生活。

二 初露锋芒便留下千古名句

如果生活真的一直这样持续下去，或许终南山从此多了一位隐士，而世间却少了一位流传千古的天才人物。幸亏那个时候，他还很年轻，只有 17 岁。这个世界对他还有着莫大的吸引力。那一年，他和身边的好友祖自虚到洛阳游玩。时逢九月初九，虽秋高气爽，但对于年轻人来说，还是不可避免地陷入了佳节思亲这一痛苦当中。

> 独在异乡为异客，每逢佳节倍思亲。
> 遥知兄弟登高处，遍插茱萸少一人。

写出这首名诗的时候，王维还只有 17 岁。也幸而有了他的灵感天才，使得千年以来游子思乡的复杂情绪有了最清晰的表达。

思乡却不能回乡，这是一种怎样复杂的情绪？在古代，或许是因为路途遥远，车马劳顿？但最重要的原因，是未能出人头地。布衣而来，却不能衣锦还乡，这是太多游子不敢回乡看望家人最重要的原因。

这首诗的题目是《九月九日忆山东兄弟》，可能有人会疑惑，王维不是祖籍山西么？搬家了？其实，这里所说的山东指的是太行山东面。当时，他和朋友在洛阳感怀家人，正好在山以西；而山的东面，则是他的家乡，他的亲人，都在那里。

三 新词一曲诗一首，便得当年状元郎

接下来的岁月，对于王维而言，是悲欣交集的时光。18 岁，他失去了好友祖自虚。虽然，在日后的生活里，他相继有了裴迪、孟浩然等多位好友，但是，祖自虚是他少年时唯一最亲密的伙伴，却年纪轻轻就因病而客死他乡，这让王维第一次感受到了生离死别的悲伤。

否极尝闻泰，嗟君独不然。

也是在那一年，他赴京兆府试，中举成了头名状元，人生到达了巅峰。

当然，以王维的才学而论，把状元纳入囊中并非难事，但让后人较有争议的是，王维的这个状元并不是明明白白考出来的，而是走了一定的门路。就如他的性格，想赢，但不想赢得那么难看。

在唐朝薛用弱的《集异记》里，就讲了这个相当富有传奇性的故事。

那时的王维，不仅文章精妙，还熟谙音乐。唐代李肇的《国史补》，曾记载过这样一个故事："维尝至招国坊庾敬休宅，见屋壁有画《奏乐图》，维熟视而笑。或问其故，维曰：'此《霓裳羽衣曲》第三叠第一拍。'好事者集乐工验之，无一差者。"

看到一幅画，画中人奏乐的样子，他就知道他们在弹奏什么，甚至在弹奏曲子的第几拍。这份能耐，古往今来，连曲误回顾的周郎，恐怕都自叹弗如吧。

就这样，精于乐理的小王同学，在某一天，由当时岐王李范引荐，拜访了炙手可热的权贵玉真公主。

玉真公主是一位道姑。但在当年，她的真实身份却是唐玄宗李

隆基同父同母的妹妹。因为厌倦了宫廷争斗，她自愿出家。这一做法也得到了她哥哥的大力支持。

但出家之后的玉真公主并没有真正远离尘世。相反，因为她的特殊身份，吸引了不少才子名流环侍左右。而王维真正打动她的，就是那一首琵琶曲《郁轮袍》。

如今，由王维自创自弹的《郁轮袍》已经失传。但完全可以想象，在当年的那场宴席上，"妙年洁白，风姿郁美"的王维，轻拨琴弦，如天人之姿，奏仙人之乐。此情此景，让玉真公主也为之沉醉不已。

有了公主的赞赏，本来就自带才子光环的王维在考场上所向披靡，以一首《赋得清如玉壶冰》应京兆府试，高中榜首。

> 玉壶何用好，偏许素冰居。未共销丹日，还同照绮疏。
> 抱明中不隐，含净外疑虚。气似庭霜积，光言砌月余。

平心而论，如果当年的考场没有那么多的潜规则，凭借王维的才气，考取功名也并非难事，但他太心高气傲。据说王维也如此断言：若参加科考，就一定以状元而居，不然就不愿参加。当然，考官的心深如海，即使不藏私心，又怎么能保证他们就一定是王维文章的拥趸呢？这一步棋，也算是他为自己的人生设计的精妙的一步吧。

只不过，在这个人世间，每一样幸运的背后，都标注了价格。虽然王维实现了"出名要趁早"的宏愿，但后来的日子就没那么一帆风顺了。

四 恩宠如烟，翻云覆雨

在唐代，科考只是你走向公务员岗位的敲门砖，真正捧到一个铁饭碗，你还需要参加吏部考试。很可惜，王维落选了。直到第三年，他才擢进士第，解褐为太乐丞（唐太常寺有太乐署，置太乐令一人，从七品下；太乐丞一人从八品下。掌国家祭祀享宴所用乐舞）。不管怎样，虽不算完全学以致用，但好歹进入了朝廷的直属管辖部门了。

但很奇怪，就在当年，他却因为一个过失，被贬谪为济州司库参军。这个过失说起来有点让人莫名其妙：身为乐官的王维，在乐工彩排时，无意多看了几眼皇帝才能看的《五方狮子舞》。就此，往日的恩宠和荣耀悉数烟消云散。

王维的这个过失，说大则大，说小则小。说大的原因是他触犯了皇家的规矩。说小呢，可以被认为无心之过。但是，在这一次，他偏偏受到了相当重的惩罚。

五 暧昧的往事，难言的绯情

很多研究史学的人们，对王维这段平步青云，却忽然被贬的经历八卦满满。据他们分析，王维一生中唯一的一次婚姻，也是在这个阶段结成的。也许，就是因为成亲了，王维再也得不到玉真公主的庇护。翻手为云覆手为雨，这就是皇家的冷漠和绝情。

在唐代历史中，和玉真公主有过亲密交往的名人不计其数，但最有名的两位莫过于王维与李白。甚至有人分析，王维与李白都是盛名在外，且交往圈子也有无数的交集，比如两人都是杜甫以及孟浩然的好友。但有意思的是，他们二人却从没有过任何的交往。而这，只有一个原因，就是因为玉真公主。

这段野史是真是假且不必论。但王维对于这段所谓绯闻的态度，或许能从他的一首诗中体会出来：

莫以今时宠，难忘旧日恩。

看花满眼泪，不共楚王言。

这首《息夫人》，是他当时在宁王府所作。这里还有一个颇为传奇的桥段。据说当时宁王有一个非常宠爱的侍妾。但得来的手段并不光彩，因为人家曾是有夫之妇，丈夫是一个做饼的师傅。

只不过这位美女并不像潘金莲，虽然都有一个做饼的丈夫，但后者是遇到高枝就拼命地往上攀，这位美女即使获得宁王的宠爱，也总是愁容满面。宁王很是不能理解，像我这样的身份，就算不是高富帅，至少也占了两头，你有什么不满意？于是，就派人找来了她的前夫——做饼师傅，想让妇人看一看他和自己的反差，从而对眼下的生活死心塌地。

结果，两人一见面，场面尴尬了。妇人见到阔别的丈夫，顿时泪流满面。宁王期待中的反差不仅没看见，还让在场的观众都欣赏到了一幕"侯门一入深似海，从此萧郎是路人"的凄凉。而王维的这首《息夫人》也是由此而作。

息夫人在历史上也是一位相当有争议的美女。战国时期，她本是息侯的妻子，被楚王强行夺走。来到楚国后，她从不主动说话。楚王问她为什么，她答："我一个女人，伺候两个丈夫，既不能死，又有什么话可说的？"

事到如今，宁王即使再不乐意，也只能命人放走妇人，让她与丈夫团圆。不然，自己强占民女这个恶名，也够他喝一壶了。

王维的一首诗让一个差点破碎的小家庭破镜重圆，也隐隐吐露了自己的志向。作为一个文人，只要一想到自己所有的荣耀和恩宠都与裙带有关，恐怕也是难言的屈辱。王维选择了退出，而皇室也对他选择了放弃。

六 隐居的乐趣

在济州，王维待了整整 4 年。之后，又调任淇上。在最不得意的地方，王维度过了自己从 22 岁到 28 岁最好的时光。别人的青春是"春风得意马蹄疾"，而王维的这段青春全部用来韬光养晦了。

本来，这样的小官王维是看不上眼的，但无奈生计压迫。28 岁时，他愤然辞职，干脆就在淇上隐居了起来，下决心摆脱官场。那时候王维的诗文都是清新而愉快的。

> 屏居淇水上，东野旷无山。
> 日隐桑柘外，河明闾井间。
> 牧童望村去，猎犬随人还。
> 静者亦何事，荆扉乘昼关。

后人评王维的作品，诗中有画，画中有诗。他的画虽未曾见到，但他流传下来的诗歌，确实画面感非常强烈。寥寥数语，就勾勒出一幅傍晚乡间的宁静画面。

淇上在古诗文中是一个很有名的地方，它在《诗经》中就出现过多次。《诗经·鄘风·桑中》中就有："期我乎桑中，要我乎上宫，送我乎淇之上矣。"

高适好像也很喜欢淇上，也曾经来这里隐居过。看来，这里的风景不错，抑或是隐士名流也不少。

王维在这里待了两年。事实上，他也不是完全没有收获的。所谓仕途不顺意，一般人都会去寻求精神解脱。在济州的日子，王维和当地的僧道多有来往。王维被称为"诗佛"，与他幼时家庭的影响以及后来的经历也大有关系。

隋唐时崇尚佛教与道教。很多文人墨客都以通晓儒释道为荣。两年后，王维又来到了长安。在那里，他师从大荐福寺道光禅师学顿教，顿教是禅宗的顿悟修法。隋唐时期，来自印度的《维摩诘经》非常有名。维摩诘乃是佛教中一个在家的大乘佛教居士，是著名的在家菩萨，是以洁净著称的人。与寺院系统性的修行不同，维摩诘崇尚心的修为，讲究顿悟，一时间为当时的士大夫效仿。

七 纷扰的尘世，真个欲说还休

这一年，他在长安与孟浩然依依惜别。在历史上，王维与孟浩然并称山水田园派诗人。事实上，两人也是特别好的朋友，估计也是因为诗品相近，大有惺惺相惜之意。只可惜，这一次的离别，有不舍，更有心酸。

不舍的是友情，心酸的是老孟的这一次赶考又落了第。身为状元的王维，也许不了解老友内心的酸楚。但是，仕途不得意的他，却太清楚，即使科考成功，在冗沉的官场之上，其实也算不了什么。一首《送孟六归襄阳》道尽了他欲说还休的心事。

> 杜门不复出，久与世情疏。以此为良策，劝君归旧庐。
> 醉歌田舍酒，笑读古人书。好是一生事，无劳献子虚。

孟浩然一生布衣。这对他而言是憾事，但对于营营一生劳苦不可言的官宦来说，却是羡慕不来的福分。王维以这种方式隐隐地劝慰好友，却不知道彼时的孟浩然真正听进了几分。

公元 731 年，仍赋闲在家的王维，遭遇了人生最大的痛楚，相依相伴十多年的发妻不幸亡故，只留下一个女儿在他身边。

八 爱或者不爱？他从没说明

在王维的诗中，除了那首脍炙人口的《红豆》之外，有关爱情抑或思念的诗歌少之又少。不像白居易、元稹等人，因为得不到的爱情或失去的爱人，伤感的诗歌从年轻写到须发皆白。但让人无语的是，写过一大把情诗的诗人，骗尽了天下人的眼泪，转头就找了满室的红颜知己或者侍妾。反倒是王维这个从不开口吐露情爱的人，却在妻子死后，一直独身终老。

那么，他到底爱不爱自己的妻子？还是说，在王维这一生中，从未把情爱当作一回事，这还真是让人不好揣测的隐情。但是，从他的那首《杂诗》中，还是不难看出，诗人与妻子那曾经柔情似水的回忆。

> 君自故乡来，应知故乡事。
> 来日绮窗前，寒梅著花未？

这首诗写于安史之乱后期，那个时候，诗人隐居在孟津。某一日忽然见到来自家乡的熟人，大喜过望之际，自然要询问家中人事。也许要问的问题太多了，千言万语难以一起说出口，只是轻轻问了一句："寒梅著花未？"

也许，在诗人的心中，那一扇轩窗，以及那枝寒梅，才是家的符号。而那树梅花，谁能说，又不是他昔日和妻子亲手植下的呢？就如归有光在自己的《项脊轩志》中，提到的那句"庭有枇杷树，吾妻死之年所手植也，今已亭亭如盖矣"。怀念树？当然不是，怀念的是失去的那个人。

妻子去世后，王维的行踪飘忽到川蜀。唐时的很多诗人都有过游历巴蜀的经历。尽管蜀道难，但蜀中的风景却令人神往。就如他在《送梓州李使君》中提到的：

> 万壑树参天，千山响杜鹃。
> 山中一夜雨，树杪百重泉。

梓州就是现在的四川绵阳三台县。当年，它和成都被并称为巴蜀最大、最有影响力的城市。这里的风光与长安迥然不同，或许，能够少许抚慰王维丧妻的悲哀之情。

九　再入官场，跌跌撞撞

一年后的那个深秋，王维再次回到长安。不久，张九龄当权，王维对于这位德高望重的名相很是敬重，也燃起了再次出仕的小心思。于是，奉上一封《上张令公》。

> 珥笔趋丹陛，垂珰上玉除。步檐青琐闼，方幰昼轮车。……贾生非不遇，汲黯自堪疏。学易思求我，言诗或起予。当从大夫后，何惜隶人余。

王维的这类诗歌被称为"干谒"诗，这相当于古代才子向上峰的自我推荐信。这首诗，一方面适度地吹捧了张九龄的功勋，一方面很得体地进行了自我介绍，含蓄地表达了自己想重新入仕的想法。

张九龄一直以来对王维也很是赏识。于是，很快王维的任命就下来了。35 岁那一年，他被任命为右拾遗。官职不大，只有正八品。但职责很大，就是为皇帝的日常事务查漏补缺。这对于削尖脑袋都想挤到皇帝身边的官员来说，是个让人艳羡的职位。

这一次的出仕，王维很是顺心。但好日子不长久，一年半后，张九龄就遭到罢黜。王维很是沮丧，他给张九龄写了一首《寄荆州张丞相》诗。

> 所思竟何在，怅望深荆门。举世无相识，终身思旧恩。
> 方将与农圃，艺植老丘园。目尽南飞雁，何由寄一言。

在王维没做官，等待张九龄举荐的时候，他一度曾隐居在嵩山。而这首诗的意思则是隐隐表达了自己再次想打退堂鼓的心情：您对我恩重如山，如今您也走了，我还是回家种地吧。

王维的一生始终在矛盾中摇摆。很长一段时间，他都在犹豫，我是当官呢，还是归隐呢？如果他有掐花占卜的习惯，估计家里的花都是秃的。

但最终，他还是选择留在了朝廷，只因张九龄的劝告。他的意思是，知道您品行高洁，不愿与小人为伍，但如果君子都退出来，那么，朝廷的位置就只能都被奸人把持。

这是个很有说服力的劝慰，也使得王维最后下定了留下的决心。但几个月后，他就被李林甫委以监察御史的身份，到凉州代表朝廷对战胜吐蕃的将士们进行慰问。

十 孤烟落日治愈了诗人的"抑郁"

表面来看，监察御史的身份要高于右拾遗，但却不让他继续留在朝廷，而是出使塞外，这就是变相贬谪。王维的心里自然什么都明白，却也只能苦笑着接受。

> 单车欲问边，属国过居延。
> 征蓬出汉塞，归雁入胡天。

从长安到河西，这一路的风景越来越凄凉，就如王维孤独寂寥的内心，他把自己形容成如飞蓬一样无依无靠。但是，在某一个黄昏，当他从车窗望出去，不禁被眼前的景色深深震撼了。

> 大漠孤烟直，长河落日圆。

在《红楼梦》中，刚学会写诗的香菱评论这两句，"想来烟如何直？这'直'字似无理，'圆'字似太俗。要说再找两个字换这两个，竟再找不出两个字来"。

浑雄壮美的大漠景色，让一直委身于朝堂深隅的王维，有了强烈的心灵震撼。怪不得现代人一遇到解不开的心结，就要背上行囊去旅游。原来，大自然确实有治疗心灵创伤的奇效。观天地之广博，星空之浩渺，个人的那些喜怒哀乐又算得了什么？

不管怎样，一千多年前的王维，因着这傍晚的惊鸿一瞥，留下了名传千古的绝美诗句，而他的内心，却不知道是否也因此被"治愈"了……

在大漠的这段日子，对于王维来说，居然是一段难得的舒心时光。他被节度使崔希逸延请为幕府节度判官。这位田园风格的诗人，也开始转头写起了边塞诗，画风转变虽然有点大，但水平却绝不输于两位好朋友岑参和高适。

风劲角弓鸣，将军猎渭城。
草枯鹰眼疾，雪尽马蹄轻。

大漠生涯，有豪迈也有离情，由此也催生了那首著名的《渭城曲》。

渭城朝雨浥轻尘，客舍青青柳色新。
劝君更尽一杯酒，西出阳关无故人。

这首《渭城曲》又名《送元二使安西》，渭城即秦都咸阳故城，阳关在甘肃，安西在新疆。阳关已经没有故人，何况安西之远！此一去或成永别，不知何日重见。据说王维后来"偶于路旁，闻人唱诗，为之落泪"，大约是再一次忆起了故人吧。

十一 自隐终南山，禅意入诗林

在塞外一年之后，因为崔希逸被调，王维重新回到长安。那个时候，朝廷内依然是李林甫等奸臣当道，因此王维采取了更为消极避世的态度。他把自己定位成一个几乎完全闲散的"闲官"，一度曾隐居终南山。

从唐时起，终南山便是著名的隐士之地。不过，既然如此"著名"，那么，真隐士恐怕在此也得不到真正的消停。也许，就是因为这个原因，王维并没有在这里停留多久，他把自己最后的驻留地转移到了辋川。但是，居留于终南山时创作的那一首《终南别业》，却是一首让人过目不忘的天成之作。

中岁颇好道，晚家南山陲。兴来每独往，胜事空自知。

行到水穷处，坐看云起时。偶然值林叟，谈笑无还期。

特别是这句"行到水穷处，坐看云起时"，不知让多少人读来为之感叹神往。如果说之前王维的诗，你能看到一幅眼前的画卷。而读到这句，简直就是在你的心里开辟了一卷画面，它有多迷人，意蕴有多深远，全靠你的心来作主。

彼时的王维，在经历了失意、愤懑、不平等各种复杂的情绪之后，已经能够心平气和地和人生、和世情握手言和了。

这个时候，他所忧虑的，已经不是个人的荣辱，而是整个大唐岌岌可危的未来。但这是众业所致，非一人能够力挽狂澜，他所能够做的，就是平静地面对。

这个时期，王维大部分时间都住在他的辋川别墅里，并创作了大量的山水诗文。最重要的是，他还有一个好朋友裴迪，两人相互作诗唱和，都收录在《辋川集》中。这部集子里的文字，出奇地宁静与祥和，美好得仿佛不似人间。

> 空山新雨后，天气晚来秋。
> 明月松间照，清泉石上流。
> 竹喧归浣女，莲动下渔舟。
> 随意春芳歇，王孙自可留。

还有那首：

> 独坐幽篁里，弹琴复长啸，
> 深林人不知，明月来相照。

有很多人认为，王维的诗充满了禅意，这也和他多年的佛学修养有关。但在更多人看来，这更像王维为自己创造出来的一个虚幻的田园世界。在他的辋川别墅之外，仿佛有一层结界，把岌岌可危的外界全都摈除开了。

尽管在他这一阶段的诗歌中，有的只是深林，琴声，明月，花朵。但不可避免的，是不能不为生老病死幽叹。

> 木末芙蓉花，山中发红萼。
> 涧户寂无人，纷纷开且落。

林黛玉的《葬花词》与这首诗倒是有异曲同工之妙。《葬花词》的结尾是"一朝春尽红颜老，花落人亡两不知"，而王维则感慨"涧户寂无人，纷纷开且落"，林妹妹感慨的是红颜弹指老，美人也如落花般无依无靠。而王维的境界更高，他是从一朵花的开落，悟到了生老病死的天道轮回。由此可见，曹雪芹说不定也是王维的迷弟。

十二 一朝春尽百花落

王维最担心的事情在公元 755 年终于发生了。那一年爆发安史之乱，唐玄宗携杨贵妃匆匆离开长安，文武百官中有少数人跟他们一起走了，而大部分人选择了留下。等安禄山攻占长安以后，这些没走的人沦陷在贼中，王维就是其中的一个。

为了避免自己被逼迫做官，王维不惜给自己下药，让自己无法说话。但安禄山显然是太欣赏王维了，即使如此，也把他和一众官员软禁在菩提寺内。

这个时候，王维性格中的矛盾和妥协又占了上风。虽然他很不甘心依附安禄山侍奉伪朝，但他没有勇气以牺牲作出反抗，只能默默接受了安禄山所授予他的给事中的官职。与他相比，有一位乐工的表现就相当让人刮目相看了。

安禄山做了皇帝以后，在皇宫的凝碧池畔大宴群臣，还召集了很多乐师为他演奏，虽然很多人都被迫出席了，唯独有一个叫雷海青的琵琶师不肯演奏，把琵琶摔在地上，结果当场被杀死。王维听到这个消息后，非常感慨，写了这样一首诗。当然，他也没想到，这首诗后来还能救了他的命。

> 万户伤心生野烟，百官何日再朝天。
> 秋槐叶落空宫里，凝碧池头奏管弦。

这首诗最后能救王维的命，是因为还有一位很重要的人证。那就是他的好友裴迪。当时，王维被软禁在菩提寺的时候，裴迪冒着生命危险去看他，他把这首诗念给裴迪听，裴迪不仅记住了，还把它传诵出去。这也使得后来唐肃宗当政之后，论功行赏、按罪罚没的时候，王维躲开了和其他"伪官"被抄家流放甚至砍头的命运，还幸运地保留住了一个官职。

十三 无处安放的悲凉

晚年的王维，虽然一直为官，但与官场却越来越疏离。这不仅和他一向的为官原则有关，更重要的是，他始终有一份愧疚在心里。就如他在请辞官职时，在《谢除太子中允表》中说道："臣闻食君之禄，死君之难。当逆胡干纪，上皇出宫，臣进不得从行，退不能自杀，情虽可察，罪不容诛。"

《旧唐书》这样记载：王维"晚年长斋，不衣文彩。得宋之问蓝田别墅，在辋口……与道友裴迪浮舟往来，弹琴赋诗，啸咏终日"。

在外人看来，王维这样的人生也没什么不好，有一间山林别墅，还有往来不断的知音好友，此生如是，夫复何求？更何况他在诗中也是如此惬意：

> 晚年惟好静，万事不关心。
> 自顾无长策，空知返旧林。
> 松风吹解带，山月照弹琴。
> 君问穷通理，渔歌入浦深。

但深读下来，却不能不让人感到无尽的悲凉：我现在什么都不喜欢，只喜欢安静，别和我谈国事家事大道理，我只想听着渔歌，迤逦到水湾深处。

学佛一生、理禅一生的王维，尽管诗里诗外都透着宁静、安详与无争，但他却始终没有勇气在诗中袒露真正的自己。也许他自己都不愿意承认，向佛一生、通晓禅理的他，一生都没有安放好那颗矛盾而悲哀的心。

宋代禅宗大师青原行思提出参禅的三重境界：参禅之初，看山是山，看水是水；禅有悟时，看山不是山，看水不是水；禅中彻悟，看山仍然是山，看水仍然是水。

王维的诗，有山水，有风林，有明月，而他又何时让自己的心能够宁静地游畅在这一切之中呢？

公元 761 年七月，王维卒，葬于辋川。

高　适

诗人中最传奇的逆袭者　≫≫≫

男儿本自重横行，天子非常赐颜色

　　当王昌龄莫名地死在闾丘晓的杖下，最为他悲伤的，除了他的家人，可能就是身在不远之地却爱莫能助的好友高适了。彼时的高适，刚刚收到了故乡睢阳被安禄山叛军攻破，整座城池的百姓几乎被屠尽的噩耗。紧接着，王昌龄死难的信报，也传到了高适的手中。那一刻，愤怒几乎淹没了他的理智。

　　不知用了多少忍耐，他才渐渐平息了自己的怒火，随之而来的，是两行清泪簌簌而下。

　　此刻的他，多想立刻就纵身跃上战马，手持长剑，为好友一雪深仇。但是他不能，就如同他听到家乡睢阳被攻破，全城百姓都被屠杀殆尽，这其中更包括他所有的亲友时，他几乎失声痛哭。那时的他，虽然手握重兵，掌握生杀大权，却也不能轻举妄动。他有他的职责，他是奉王命讨伐叛军永王的淮南节度使。军令在身，他只能在心中为亲人，为好友默默哀恸。

　　旁边的军士看到他收到信报后，便默默无语，也知趣地躬身悄然退下，并从外面关上了房门。一时间，偌大的营帐剩下他一个人，相伴着的，只有若明若暗的烛火。他闭上眼，前尘往事如流水一样，全都回到了脑海中。

一 人欺少年穷的旧时光

公元 704 年，高适出生在渤海县，也就是如今的河北沧州。严格说来，高适的家世不可谓不显赫，他的爷爷高侃是唐朝名将，曾生擒突厥可汗，屡破高句丽。父亲高崇文曾任韶州长史，但在高适出生时，家境已经逐渐衰败下来。

也就是说，顶了一个官二代的帽子，但高适的童年根本就没享受过任何优越。但有意思的是，这样的反差一点也没影响他豁达开阔的性格。毕竟他的血液里还流动着军人世家的基因，少年时的他，尽管常常囊中羞涩，但高适还是坚持一边饿着肚子，一边交朋友，并时常和旁人高谈阔论成王败寇的国家大事，俨然一个胸怀大志之人。

据《旧唐书》记载，适少家贫，客于梁、宋，以求丐自给。穷到已经靠乞讨过日子了，高适的这份履历在诸位唐代的大诗人队伍里，绝对独一无二的。当然，那个时候，高适还只是一个市井中的无名小卒，但这并不影响他怀揣理想，放眼河山。

事实上，在各个时代，都不乏这样的奇人存在，虽然他们中的大部分人最后都在骨感的现实中，放弃曾经丰满过的理想。但还是有人因着这豪拓不羁的性格，以及神秘莫测的命运，最后兜兜转转地成就了一番事业，比如西汉王朝的那位开国皇帝。

年轻时的高适，对自己的未来显然是相当自信，虽然自己家道中落，但当年祖父威名显赫，想必还会有旧人念及旧情，给他这个将军后人一个立足的机会。

彼时的少年人，就这样两手空空地来到了繁华的长安城。

二十解书剑，西游长安城。举头望君门，屈指取公卿。

当然，现实毫不例外地给了他重重一击。尽管自己的祖父当年曾辉煌显赫，却没能福荫到后世。没有一个达官贵人念旧情尊他一声高家公子，在他们眼里，他不过是一个"竖子"罢了。

高适只能怏怏而归。

"归来洛阳无负郭，东过梁宋非吾土。兔苑为农岁不登，雁池垂钓心长苦。"在他的这首《别韦参军》的诗中，诗人不无苦涩地回忆了年轻时那段窘迫的时光。因"长安不易居"，高适回到家乡，但因家徒四壁，只能客游于梁宋等地，也就是今天的开封商丘一带。

在异地他乡，靠种田与垂钓讨生活，偶尔还要靠乞讨自给。即使这段日子有点狼狈，却也不乏乐趣。有史书记载，他"任侠好赌"，即使是讨饭，于他那阔达不羁的性格而言，也不是什么苦差事。一旦身有余钱，便迫不及待地冲进酒肆赌坊，大把时光就这样用来挥霍取乐了。

没有被浪费过的青春该是多么无趣啊。当老年时的高适回忆起这段时光，可能也会充满留恋，在他往后的岁月里，无论是远走边漠，战场厮杀，还是临危受命，乃至后来在官场中平步青云，都没有那段时光过得舒心而畅意。

二 仗剑天涯，一路行歌

诚然，年轻时可以穷困，毕竟还有理想来支撑。可是人近中年，依然一无所有就有点说不过去了。二十八岁时的高适再次做出了一个重大的决定：仗剑西行。

> 自从别京华，我心乃萧索。十年守章句，万事空寥落。
> 北上登蓟门，茫茫见沙漠。倚剑对风尘，慨然思卫霍。
> 拂衣去燕赵，驱马怅不乐。天长沧洲路，日暮邯郸郭。

酒肆或淹留，渔潭屡栖泊。独行备艰险，所见穷善恶。

当年，带着单薄的行囊和一柄长剑出行北方边塞的高适，心里不是不惶然的。就如同眼下北漂或南漂的游子一样，明知道在偌大的城市里，自己就如同一颗浮尘，却依然为未知的前程努力地活着。

唐朝尤其是盛唐时期，随着开疆拓土、军威四震，边塞军功成为向文士开放的一大出路，很多将帅多是文武全才，身边的幕僚更多为饱学之士。在这里，军人与诗人是并不冲突的两个职业。正因为如此，在中国历史上，也只有这段时间，所产生的边塞诗数量和质量达到了前无古人后无来者的高度。

当然，高适辛辛苦苦远走千里，不是为了给自己找点创作的素材。只是栽花不成却插柳成荫，第一次出塞，虽然没能建功立业，却在以后的日子里成就了他独特的边塞诗风格。

高适第一次赴塞，是幽州节度使张守珪镇御的东北边防地段，也就是现在的辽宁朝阳。这里北邻突厥，东北邻契丹与奚。唐筑居庸险隘以阻突厥，建营州以镇驭奚与契丹。任何一个刚来到边塞的内地年轻人，对眼前的一切都充满了新奇和兴趣。在他的《营州歌》里，他兴致勃勃地描述了他眼中的胡儿少年。

营州少年厌原野，狐裘蒙茸猎城下。
虏酒千钟不醉人，胡儿十岁能骑马。

在当年，一般十来岁的小朋友，或者在学堂读书，或者在帮父母劳动，像这种可以策马在草原上狂奔的情形，恐怕完全在高适的认知范畴之外。但这一切实在是太对他的胃口了，要知道少年的高适本就是这样一个豪爽粗放的性格。

异域独特的风光，剽悍粗犷的民风，以及对建功立业的极大渴求，让高适对塞外充满了兴趣。当然，他最希望的，就是信安王李玮和幽州节度使张守珪能够收纳他为自己的幕僚。

> 万里不惜死，一朝得成功。画图麒麟阁，入朝明光官。
> 大笑向文士，一经何足穷。古人昧此道，往往成老翁。

高适最初的边塞诗也是围绕着两位将领的军功而作，比如所赋《蓟门行》中的"一朝事将军，出入有声名。纷纷猎秋草，相向角弓鸣"。

但很遗憾，当时这两位战功赫赫、炙手可热的唐朝名将，都没能把高适看入眼。几经努力，别说成就功名，连混个正式编制的幕僚都成了泡影。

第一次出塞的努力宣告失败，两年之后，高适只能带着一叠手稿和因"北路无知己"的一颗破碎的心，落寞地返回故乡。

在高适的诗中，有这样一首《除夜》，并非边塞风格，但也异常地锥人心痛。

> 旅馆寒灯独不眠，客心何事转凄然。
> 故乡今夜思千里，愁鬓明朝又一年。

这首诗即使是现在的读者看来，亦深有同感。一千多年以前，那位叫高适的落魄诗人，为谋生而不得不常年游荡在外，即使佳节也无法和家人团圆。在某一个除夕之夜，他依然滞留在远方。在旅店孤清的灯下，思念一阵阵地噬咬着他的心，他反复安慰自己，这是成大事者必须经历的磨难，但突然间，窗外响起了爆竹声声，孩子们的嬉笑让他无法不想起自家的娇儿、寒灯下等待他的妻子。或许，此刻他们都在倚门守望，等他风雪夜归，但终究又陷入沉沉的失望。此时此刻，他内心的感触五味杂陈。究竟是名利重要，还是

119

亲情重要，在那一刻，他一直坚持的信念也几乎动摇了。升腾起来的，是无尽的凄然。

三 七尺男儿，难为小吏

从塞外回来之后，高适又遭遇了一个打击，到京城参加科考但颗粒无收。好在天无绝人之路，在京城飘荡几年之后，他受到了张九龄弟弟张九皋的赏识，推荐他为封丘尉。

这是高适第一次做官，虽然官阶很小，但毕竟有了固定酬劳。但很快，高适就发现，这根本就不是他的菜。他宁可继续干着乞讨的买卖，也不愿意做这份差事。

拜迎官长心欲碎，鞭挞黎庶令人悲。
归来向家问妻子，举家尽笑今如此。

用白话来翻译这段话，其实就是高适悲愤的吐槽：这是人干的活么？我一个堂堂七尺男儿，天天对着长官点头哈腰，迎来送往，无止无休。然后还安排我去随意欺辱百姓。等回家给老婆孩子说，他们还笑话我，说世情就是如此！

很多人认为，一个人如果经年遭受挫折，就会对生活低头，但高适显然不在其中。他很快就辞去了这份旱涝保收的差事，又过起了朝不保夕但自由随性的日子。

四 燕赵悲歌，千古感怀

这时的高适，已经不再是当年那个市井少年。因为写得一手出色的边塞诗，他在当时诗坛中也颇有名气。

当时，高适最著名的边塞诗就是那首《燕歌行》。

汉家烟尘在东北，汉将辞家破残贼。

男儿本自重横行，天子非常赐颜色。

《燕歌行》是高适的代表作，不仅是高适的"第一大篇"，而且是整个唐代边塞诗中的杰作。

但这篇名扬古今的诗作，讲的却是一场失败的战事。诗中提到的那位将领骄奢淫逸，"战士军前半死生，美人帐下犹歌舞"，因为他的轻敌，导致了"身当恩遇常轻敌，力尽关山未解围。铁衣远戍辛勤久，玉箸应啼别离后"。

战场是残酷无情的，一个错误的抉择，赔上的是千万军士的性命。"杀气三时作阵云，寒声一夜传刁斗。相看白刃血纷纷，死节从来岂顾勋"。一场惊心动魄的恶战，就这样在诗句中形象地展现出来：寒月孤星下，狼藉的战场，遍布着为国捐躯的大好男儿。踏入战场之前，他们血气方刚，生龙活虎。可转眼间，便尸横遍野，魂归塞北。

可怜无定河边骨，俱是春闺梦里人。

很多年以来，学者们都在探讨这首诗讽刺的到底是谁。高适这首诗的前序是这样说的："开元二十六年，客有从御史大夫张公出塞而还者，作《燕歌行》以示适。感征戍之事，因而和焉。"有观点认为，他讽刺的就是高适应征未遂的张守珪。这位唐朝名将也是平民出身，因为战功赫赫而跻身名将之列。但让人非常遗憾的是，一次与奚族作战打了败仗，他却谎报军情，结果被人揭发，降职发配，最后抑郁而亡。一代名将却落得如此下场，实在让人唏嘘。

后来，又有人提出，高适这首诗有可能讽刺的是张守珪的"干儿子"安禄山。因为他曾经在讨奚、契丹时，"恃勇轻进，为虏所败"。

不管诗中讨伐的是哪位将领，诗中描述的惨烈场面，让读者无不为之惊心动魄，感触良深。

五　穷在闹市，知己良多

尽管名满天下，但高适的生活状况却依旧没有得到任何改善。"端居值秋节，此日更愁辛。寂寞无一事，蒿莱通四邻"，最重要的是，那时他已经四十多岁了。"闭门生白发，回首忆青春"。

这落魄的境遇，别说是"人生七十古来稀"的古人，换成现在，也足够让人沮丧了，但高适的性格却与常人不同。尽管自己的日子过得紧巴，他还能实心实意地对别人进行心理疏通，比如那首著名的《别董大》。这首诗中的主角在当时是一位著名的七弦琴演奏家董庭兰。只可惜那会胡乐盛行，没人懂或者愿意听七弦琴。他的技艺虽然高超，但无人赏识，不得不离开京城。

离开的那一天，还是个相当糟糕的天气。

千里黄云白日曛，北风吹雁雪纷纷。

不知道那一天送行的人多不多，但估计都是冻得嘴唇打牙直哆嗦，只有高适打起精神安慰老友：

莫愁前路无知己，天下谁人不识君。

这句话不仅让在场的人为之一振，更成了流传千古的名句。不知道董庭兰是否在这句话中得到莫大的鼓励。之后，董庭兰刻苦钻研筚篥，终于再度翻红。

而那时的高适，真实的境况与董庭兰也无甚区别。虽有一颗豪拓的心胸，却没有一个能打得起酒的钱袋。"丈夫贫贱应未足，今日相逢无酒钱"。

但高适是一个喜欢交朋友的人。虽说世情都是"富在深山有远亲",但"贫在闹市"的高适,依然有不少知心好友,在这几年的历程中,高适的仕途依旧不顺,却有着丰富而多彩的人生收获:与王昌龄和王之涣知己相交,与王维结识,当然,最为后世称道的,就是与李白和杜甫的交情。

彼时的李白,是名满天下的诗仙,杜甫在他身后亦步亦趋,深为李白的才情所折服,是个不折不扣的小迷弟。但三人相遇之后,却出人意料地情投意合。在公元745年的那个夏天,三人或把酒言欢,狂歌纵马,或切磋诗文,畅谈理想,开心得不亦乐乎。

有一天,三人相约来到当地的梁园游玩。梁园是汉代梁孝王修建的一所皇家园林。因为梁孝王本就喜欢招揽文人谋士,许多当地的文学大家比如司马相如等人,就时时应约而来,成为梁园宾客,以至于这里也成了名闻天下的风雅之地。

如今,时光荏苒,风云流转,昔人不在,独余感怀。

那一日,李白三人携酒而来,在这里,他们怀古谈今,三人虽经历迥异,但对未来的人生都有一份未知的惘然。酒酣之余,李白信笔挥毫,在墙上写下了《梁园吟》。

> 昔人豪贵信陵君,今人耕种信陵坟。
> 荒城虚照碧山月,古木尽入苍梧云。
> 梁王宫阙今安在,枚马先归不相待。
> 舞影歌声散绿池,空余汴水东流海。
> 沉吟此事泪满衣,黄金买醉未能归。

诗里叹的是古意,但李白所感慨的,一定是自己莫测的未来。当时,已经进入不惑之年的他,虽然名满天下,却不被李隆基重用,反而被赐金放还。腰缠万贯固然重要,但个人的大好前途仿佛就此被直接买断,也是让人难以接受。当年的李白,就是在这样的郁闷中难以抒怀，而这份感伤何尝不是三人共同的痛呢？一时间，两人竟不知道如何安慰这位失意的"谪仙"，唯有沉默淹没了一切。

梁园一聚，是三个好友短暂相聚的终结点。尽管，在那之后，李白结下了他第四段，也是最后一段姻缘，并在此盘桓了十年之久。但杜甫和高适却不得不为生活继续奔波。他们也并不知道，在不久的未来，大唐将遭遇一场前所未有的浩劫巨难，而他们三人的命运，也从此进入不同的分水岭。

在与李白告别后，高适与杜甫再次来到长安。在这里，他还结识了另一位从边塞返回的诗人岑参，几人还相约登大雁塔观光赏景。

这个秋日，本该是悠闲愉悦的，但美景却也没法让他们真正开怀。岑参是因为高仙芝的部队打了败仗，不得不返回京城述职，即使强作欢颜也能让人看到一脸愁容。而高适，年近五旬，依然两手空空，前途未卜。几经琢磨，高适决定，再次远走边塞。这一次，他不再去北方，而是西行。

六 西行终遇知音

也许，高适在这一次出门之前，碰巧遇到了长安城外那个著名的卜卦摊子，遇到了所谓的神算手。此人掐指一算，北行不利，你该往西行。

当然，这只是作者的玩笑。高适选择西行的最重要原因，是那里有一位著名的唐朝名将，河西节度使哥舒翰。

哥舒翰是唐玄宗时期名将，多次大败吐蕃，战功赫赫，有"大唐第一战神"之称。在最后一次败于安禄山的战役之前，他一直是名副其实的常胜将军。

在高适的计划里，在这样一位功名显赫的将军身边，即使做个不起眼的幕僚书记，也是莫大的机缘了。但是，人生的变化就是这样让人捉摸不定。当他递上了名衔，在大帐外忐忑不安地等待着将军的召唤的时候，却惊讶地发现，一身戎装的哥舒翰，正走出大帐，并笑容满面地亲自携手相迎。

这突如其来的幸福，让高适有点发晕。当然，他在后来也终于明白，原来，哥舒翰将军也是他那首《燕歌行》最忠实的粉丝。长年驻扎在西北，哥舒翰也遇到过不少文人骚客，但没有一个人，一首诗，能像《燕歌行》一样深刻打动他的心。

年近 50 岁的高适终于迎来了人生中的高光时刻。哥舒翰不但让他做了掌书记，还把高适带往长安，在皇帝面前极力鼓吹高适的才能。

而这段时间，也是高适的边塞诗歌创作更为充沛的时候。比较著名的比如这首《塞上听吹笛》。

雪净胡天牧马还，月明羌笛戍楼间。
借问梅花何处落？风吹一夜满关山！

战场有刀光剑影，也有思乡情愁。诗中描述的明月羌笛，无疑是勾起了征人的离愁别绪，梅花何处落，其实也是乡愁无处落啊。

这就是高适的诗歌，雄浑而深远。杜甫在诗中，曾把他与岑参并提。"高岑殊缓步，沈鲍得同行"，意思是他们两人成名较晚，而才学堪比著名的沈约、鲍照。所以，后人也就有了"高岑"之说。

事实上，高适与岑参的边塞诗既有相近之处，细究起来，"高悲壮而厚，岑奇逸而峭"，这也和两人不同的生活经历以及性格有关。但不管怎样，高、岑的边塞诗被公认为成就最高。

在哥舒翰身边的日子，应该是高适最为扬眉吐气的时候，他终于遇到了赏识自己的"平原君"。但他没想到，就在不久之后，他很快又面临了人生中最重要的一次抉择。

七 乱世崛起的高才

公元 755 年，唐朝将领安禄山和史思明发动叛乱，并一路狂杀，直逼到潼关脚下。叛军实力强大，连著名的大将高仙芝和封常清都无法抵挡，他们在洛阳被叛军击败之后，退保潼关。狂怒的唐玄宗认为两人怯敌不战，一气之下把他们同时斩首。一夜之间，被誉为"双子星"的两员大将同时陨落，这几乎也预示了盛唐由此进入衰败的节点。

恐惧加上盛怒，唐玄宗几乎失去了理智。他的第二道命令就是征召哥舒翰守关。

彼时的哥舒翰，因为常年好色贪酒，惹来一身病痛早就瘫痪在床。但唐玄宗完全不管这些，有常胜将军之称的哥舒翰成了他最后一根救命稻草。在唐玄宗的连连催促下，哥舒翰只能被人抬着带兵上阵。

放眼大唐江山，眼前是如潮水般涌来的安禄山叛军，抵挡他的居然是一个病入膏肓的老将。这种场面，无论谁人来看，都要一声叹息。但是，唐玄宗的找死之路并没有结束。本来，凭借着哥舒翰丰富的作战经验，守住潼关也不是没有可能，但唐玄宗一定要哥舒翰冒险出关。结局当然是悲剧的，那位曾在西北民歌中被热情赞颂的"北斗七星高，哥舒夜带刀。至今窥牧马，不敢过临洮"的英雄，非常窝囊地成了安禄山的俘虏。

至此，三员曾在高适和岑参笔下无比神勇的大将，都悲剧地给人生画上了句号。

永远别说自己常胜，因为，总会有一条阴沟在等着你翻船。

就在哥舒翰挥泪出关的那一刻，高适一直陪侍在他的左右。而他，也亲眼见证了主帅被俘、全军溃败的悲惨场面，那一刻，高适的心都碎了。

当哥舒翰被五花大绑拖在马后，溃败的军队如潮水一样疯狂地各寻出路，高适终于从悲哀的恍惚中清醒过来。那一刻，他做了一个非常关键的人生选择。

有人说，人这一生的命运早有注定，其实未必。天时地利固然重要，而人的选择也是最关键的一步。高适和岑参在某种程度上曾面临过相同的命运，那就是当主帅再也无法保护自己，他该怎么办？

岑参的选择是默然返回京城，把所有写过有关封长青的诗歌以及关于边塞的记忆就此封存，强迫自己忘记所有的一切，开始新的生活。而高适没有，其实他满可以借着混乱的机会悄然离开，至少可以保住个人性命。但是他没有，他的选择是，跟随逃难的队伍一路来到成都，并面见唐玄宗，陈述自己所看见并了解的一切真相。

高适的这个举动，完全出自他慨然豁达的天性。哥舒翰曾以"国士"待他，他不得不以"国士"相报。不能让哥舒翰一世英名因为一次失败就此烟消云散。

但高适没有想到的是，这一次义举也从此改变了他的命运。在成都，高适的力陈得到了唐玄宗的认可。最重要的是，他对国家未来的局势见解也很符合当时的太子李亨的观点。于是，高适很快成了李亨——也就是未来的唐肃宗身边的红人。

很快，当太子李亨自行登基，而唐玄宗不得不黯然退居二线的时候，也到了高适人生的巅峰时刻。他被唐肃宗委以淮南节度使去平叛永王李璘的叛乱。之后，又受命参与讨伐安史叛军。短短几年时间，高适的命运发生了翻天覆地的变化。纵观唐代所有诗人，没有一个人能攀越到高适曾经抵达的高度。

八　如果人生只如初见

直扶青云的高适从此就开心畅意了吗？恐怕未必。在他还只是一介落魄游侠的时候，左手写诗，右手执剑。他没有权势，但有无限的梦想。但是，当他有了权势，却发现，自己在意的人，在意的东西一样也无法得到。

在他全心全意围剿永王叛乱的时候，他的家乡睢阳遭遇了安禄山叛军的袭击，城池陷落，全城百姓为此蒙难，而他的众多亲戚也不幸都在其中。不久后，他又得到了曾经的好友王昌龄被一个自负的将领无故棒杀的噩耗。

手握权力，却保护不了想保护的人。更重要的是，当昔日的好友向他求救，他也依然选择了关闭大门。而那个人，就是曾经与他放歌纵马、把酒言欢的好友李白。

安史之乱是盛唐时代的终结，它犹如一场狂风，裹挟着许多人改变了原有的生活轨迹。有人把浮萍当成了救命稻草，有人冷静地抓住了改变命运的根基。很不幸，天才的诗人未必有睿智的政治头脑，李白就属于这样的人。

当潼关被破后，唐玄宗仓皇逃到成都，他打算让自己的皇子分镇各地。当时，高适就力劝玄宗，此计不可，这就是变相地鼓励诸侯各自为政。虽然他的进谏无果，却成功地为自己挖到了另外一个大老板——当时的太子李亨的关注。

结果，事态的发展果然如高适预料的一样。诏令下达后，在江南地区的永王李璘开始招募军队，同时他还聘请了在庐山闲居的李白担任军队的书记官。

也许，最开始李璘也是想诚心诚意地抗击叛军，辅佐朝廷。但随着皇子得到的权力越来越大，他身居江南，粮草丰足，不知不觉，就动了想割据江南，一面为王的心思。

按说，这个时候的李白，也应该能察觉到自己的老板已经与朝廷貌合神离，但他不但没有像其他人那样，嗅到气味不对就赶紧离开，而是满怀激情地为永王创作了《永王东巡歌》组诗，"南风一扫胡尘静，西入长安到日边"。

诗歌有多精彩，他日后的罪证就有多充分。

不久，李璘正式与肃宗的朝廷分庭抗礼。很遗憾，尽管他号称手握重兵，但很快就被以高适挂帅的朝廷军队打败，李璘和儿子在乱军中被杀，李白也以叛军部属的身份被俘。

此刻的李白，恐怕肠子都要悔青了。说来也让人感慨，号称一代诗仙的人，也曾经多次出入朝廷，在政治上的觉悟却不是一般的差。以至于本来悠闲如散仙的生活被生生打破，反成了阶下囚。

这个时候，他想到了自己的挚友高适，他觉得高适一定会帮助他。世情就是如此难料，人人都认为能够在此时对李白伸出援助之手的高适，却选择了沉默。他甚至把亲自上门求情的李白妻子都拒之门外。而且，在朝堂之上，也从来没有为李白求过一次情。

这个结局可能会令所有人惊诧。这还是高适么？那个疏阔豪放，为朋友义薄云天的高适？

当然还是他。当年，他一无所有，两袖清风，即使有几个小钱，也随时可以周济朋友，但现在不同了。他有的是此生做梦都不曾有过的权势与地位，这是他花了多少努力和天赐的机缘才得到的！此刻让他再舍弃，又怎么可能！而李白，就是这样一个定时炸弹，如果帮了他，这个叛军部属的身份完全有可能在一瞬间让他失去所有。权衡之下，他只能选择放弃好友。

九　往昔之情，只如雨打风吹去

高适的拒绝让李白伤透了心。据说，在他被郭子仪等人保释出狱后，第一件事，就是烧掉了所有当年与高适唱和的诗歌。在他被流放到夜郎之后，不仅断了和高适的联系，甚至与杜甫都不再互通音讯，这让无辜躺枪的杜甫十分伤心。即使如此，他还是心心念念地不断寄出诗信，"故人入我梦，明我常相忆。恐非平生魂，路远不可测"……

不可谓不深情，但李白的情已经被世态完全冷透。或者，让他比较耿耿于怀的是，即使自己与高适已经恩断义绝，但杜甫却没能坚决地和他站在同一阵线上。

这确实是让杜甫非常为难的选择。他也清楚高适与李白之间交恶，也明白当事人选择之艰难，但高适并没有放弃他这个朋友。在高适也被贬谪到四川之后，听说杜甫生活艰难，还时常周济。

760 年的正月初七，他还寄诗给杜甫，一边感慨岁数无情，一边吐槽人世艰难。

> 人日题诗寄草堂，遥怜故人思故乡。
> 柳条弄色不忍见，梅花满枝空断肠。

据说，杜甫接到这首诗时，竟"泪洒行间，读末终篇"。此时高适年近花甲，杜甫也将近五十。他之所以为这首诗流泪，是读到了好友内心的悲凉。

> 今年人日空相忆，明年人日知何处。

5 年后，高适再度被皇帝召回京城，官职也随之晋升。封渤海县侯，食邑 700 户，终散骑常侍，世称"高常侍"。有《高常侍集》等传世。永泰元年（765）卒，终年 65 岁，赠礼部尚书，谥号忠。

杜 甫

仁心及物万物生 >>>

乾坤万里眼，时序百年心

公元 770 年的冬天，在寒冷的湘江江面上，一只乌篷船随着江水一晃一晃地摇曳着。船老大和伙计两人在船头很珍惜地喝着手上的米酒，默默无言。忽然，他们听到船舱里传出悲哀的哭泣声，不禁面面相觑，不知发生了什么事情。不一会，只见一个少年满脸泪痕地从船舱中走出来：请把船停在最近的岳州吧，我父亲，刚刚没了……

而他口中的那位死者，就是唐代著名的诗圣杜甫。

在那个寒冷的夜晚，那位清瘦的老人借着微弱的烛光，刚刚写下了他人生中的最后一首诗，想寄送给湖南的亲友。怎奈刚写完最后一字，他忽然觉得眼前一片漆黑，仿佛烛光忽然全都灭掉。而自己的身躯，也不由自主地滑落到了案几之上。

在意识的最后一刹那，他想起不久前自己写的那句诗："乱离难自救，终老是湘潭。"看来，这无意间的感慨，竟然一语成谶。

这一次长游，是他准备许久的归乡之旅。但他终究没能回到家乡，他的埋葬之地岳州，距离洛阳有千里之遥。

一 也曾是风华正茂的少年郎

杜甫这一生，似乎从未离开过漂泊，不论是年轻时的意气风发，还是中年时的惨淡凄凉，抑或老年时的多病哀伤，他始终在路上。连死亡找上门的时候，他仍旧在一条漂泊的船上。

而这一切，是他所愿吗？如果有平静安稳的生活，谁会愿意携家带口一直不停地奔波呢？这一生，穷病离乱，一直如影随形。杜甫这一生，真是一言难尽的人生。

公元 712 年，杜甫出生在河南巩县。爷爷杜审言是唐高宗时期的进士，父亲是当地的县令，正儿八经的父母官。作为一名出生于书香门第的官二代，杜甫自小生活优越，兼之聪明伶俐。七岁即能咏诗，"七龄思即壮，开口咏凤凰"。

年轻时的杜甫很喜欢到各地畅游，壮游齐鲁之时正是他人生中最意气风发的时候，轻衣裘马少年游。于是，在游泰山的时候，才会有那般壮怀激烈的"会当凌绝顶，一览众山小"。直到现在，每每人们游览登山，瞭望那一望无际的远方之时，脑海中最先涌现的诗句，也只是这一句。

年轻的时光总是让人愉快的，经济无压力，理想自然无限远大。但那时的杜甫与其他年轻人不同，他固然也希望建立功名，但更多的是满怀济世之愿。而这份情怀，足足追随了他一生。

第二次游历齐鲁，杜甫遇到了一直以来他心目中的大咖——李白。就仿佛现在的年轻人遇到偶像一般，杜甫欣喜不已，即使那个时候的李白，因为失意于大明宫，心情正是最低落的时候。但李白的个人魅力太强大了，即使心情不佳，在杜甫看来，依然是主角光环满满。两人很愉快地度过了人生中不多的相处时光。

李白离开后便挥挥衣袖不带走一片云彩，但杜甫却为之思念不已。冬日有冬日怀念的诗"寂寞书斋里，终朝独尔思"，春天里有春天怀念的诗"渭北春天树，江东日暮云。何时一樽酒，重与细论文"。但接下来的夏日和秋日比较消停，大约是不再深受思念的折磨。

如此说法让人有点想入非非。但在杜甫的一生中，李白都是最重要的人，虽然相见时日有限，但写给李白的诗却贯穿了许多年。

二　生活于他总是有点苛刻

但凡有才华的人，都不希望一辈子困居某地，眼见着大好年华一点点湮灭。更何况杜甫是一个受过正统儒家教育的读书人，在他的理念中，求仕做官，不仅能养家糊口，还能济世为民。一举两得的选择。

但唐代的诗人似乎总是走不出这样一个怪圈，即使声名远播，求官却无望。很长一段时间，杜甫一直留在长安，他满以为从此可以"立登要路津"，实现"致君尧舜上，再使风俗淳"的政治抱负。但他的希望落空了，留下的还是满满的伤心甚至屈辱。就如他在写给当时的尚书左丞韦济的一首诗中提到的，他对自己的才华非常有信心，说自己"读书破万卷，下笔如有神"，但面临的遭遇却是"朝扣富儿门，暮随肥马尘。残杯与冷炙，到处潜悲辛"。

出身不低，自己更是才华横溢，但为了博得一官半职，杜甫就这样从早到晚，出入于各大豪门寻求机会。如果他口齿伶俐兼之媚附于人，平步青云或许也不是难事，但杜甫对自己的评价太精准客观了，他说自己就是一个大写的不合时宜，在参加歌宴时写的诗句，都带着说不尽的悲凉："拂水低徊舞袖翻，缘云清切歌声上。却忆年年人醉时，只今未醉已先悲。"

此时的杜甫，只有三十几岁。但因为生活的窘迫与磨砺，他"沉郁"的诗歌风格在这时已经渐渐形成。像当年"会当凌绝顶，一览众山小"的豪气，已经被现实生活摧压得无影无踪了。

三十九岁那一年，杜甫终于等到了人生中的第一次机会。这一年的正月，唐玄宗到太庙祭祀。杜甫献上了《封西岳赋》《雕赋》等三篇文章，唐玄宗很是喜欢，召见了他之后又安排了一场考试，杜甫表现不错，唐玄宗让他"待制集贤院"，说白了就是加入后备干部培训组。但让他没想到的是，这一等，就是四年！

但不管怎样，这个机会杜甫也不想错过。于是，他把妻儿都迁往长安。城里消费太高，那就住在离长安南十五里的下杜村。有朋友来访，他还忍不住在诗中吐槽了自己的居住条件差，"巢多众鸟斗，叶密鸣蝉稠"。

在长安的日子过得挺紧巴，不仅要种桑麻贴补家用，杜甫在院里还种了决明子和甘菊，当然不是为了赏花的雅趣，而是等成熟时可以作为药材来贩卖。

其实，如果没有出仕的打算，就这样在小院里消磨一生，杜甫的日子也不算太难过。难就难在，过着紧巴的日子，杜甫还要日日在豪家大族圈子里讨生活，这一眼看的是"朱门酒肉臭"，那一眼看的是"路有冻死骨"，怎不由得他感慨万千！

三 站在权力圈之外，依旧心忧众生

杜甫这一生的诗人朋友很多。有诗风天马行空般的李白，雄俊瑰丽如岑参，大气豪迈如高适。但没有一个人，像杜甫这样，把关注和悲悯之心都投入到黎民苍生之中。

这一年的春天，哥舒翰出征吐蕃。战事一起，生灵涂炭，让本来日子就不好过的老百姓更是雪上加霜。就如杜甫在《兵车行》里所描述的："车辚辚，马萧萧，行人弓箭各在腰。耶娘妻子走相送，尘埃不见咸阳桥。牵衣顿足拦道哭，哭声直上干云霄。"

一将功成万骨枯，但每一具尸骨的背后，都牵着一家人撕心裂肺的想念和期盼。杜甫的诗文，即使穿越千年，让人读来都不禁流

泪感伤。

杜甫在长安时，正是大唐最繁盛的年代。但这繁盛的背后，却是深刻的危机。唐玄宗不理政务，专宠杨贵妃，朝政被杨国忠一手把持。公元 745 年的秋天，一场大雨下了六十多天，很多房屋倒塌，庄稼烂在地里，百姓流离失所，物价飞涨。据史书《通鉴》记载："自去岁水旱相继，关中大饥。上忧雨伤稼，国忠取禾之善者献之，曰：'雨虽多，不害稼也。'上以为然。"

这样的君臣，一个真能骗，一个也真能信，或者根本就是睡着不想醒，真是让人绝倒。杜甫有一首很著名的《丽人行》，"三月三日天气新，长安水边多丽人。态浓意远淑且真，肌理细腻骨肉匀"。诗中的女主角就是当时最炙手可热的杨氏姐妹，当时她们正在踏青赏景，顺便还来了个游园野餐会，"紫驼之峰出翠釜，水精之盘行素鳞。犀箸厌饫久未下，鸾刀缕切空纷纶。黄门飞鞚不动尘，御厨络绎送八珍"。

整篇诗句中，并无激愤抨击之词，只是详细描述了这场野餐会的豪奢和盛大，但是联想到长安百姓正备受灾难流离之苦，而豪门贵族正恣意地享受着糜烂奢侈的生活，特别是那句相当刺激人的"犀箸厌饫久未下"，看着这么多美味佳肴却久久不愿下箸，显然是经常食用，已经腻得不想吃了，不能不让人感慨。

四 授官却辞官的酸涩

这年秋天的这场大雨，让杜甫一家也吃了不少苦头，因为米价飞涨，他只能把家人送至奉先县暂时寄居。那时的他可能想不到，像这样为了生计来回奔波的经历，在日后的生涯中即将一次又一次不断上演。

四十四岁那一年，杜甫终于盼到了授予他的官职——河西县尉。虽然家里已经青黄不接，但杜甫还是坚决拒绝了这个职务。说来也怪，在唐代历史上，很多诗人都对县尉这个职务很不待见。比如高适，穷到要饭，都不愿意干这个职务。县尉是县令的僚属，掌握当地户口，如果百姓不完税纳赋，或者有所反抗，县尉就得加以惩处。这还不算，一旦不能完成任务，还要受到长官的责挞。也许正因为这个原因，诗人都不愿意涉足这个职业。县尉不愿意干，最后，杜甫又被安排了一个看守兵器甲仗、管理门禁锁钥的小官职。

说到这，实在让人感慨，唐玄宗明明是因为杜甫的文采卓然才让他进入后备干部的队伍，为什么分配工作的时候，却如此才不对位呢？这一点，别说诗人自己，连我们看来都有点莫名其妙。也难怪杜甫在诗里发牢骚："不作河西尉，凄凉为折腰。"朝廷的用人制度如此混乱，不难看出大唐已然从繁盛落入了日薄西山的凄凉。

当年十一月，安禄山在范阳起兵。时局动荡，人心惶惶。杜甫惦记着被他送到奉先县的家人，一路奔波，去探望他们。谁想到，还没进门，就听到幼子被饿死的噩耗。"入门闻号咷，幼子饥已卒。吾宁舍一哀，里巷亦呜咽。所愧为人父，无食致夭折"。

人间至哀，莫过于此啊！但从古至今，学者们对杜甫推崇的地方，并不是因为他的文字有多么优美，而是他博深的情怀，就如这首诗，明明诗人已哀痛至死，但他依然担忧着这乱世里天下更多普通人的痛苦。"抚迹犹酸辛，平人固骚屑。默思失业徒，因念远戍卒。忧端齐终南，澒洞不可掇。"

五 舍命得来的恩宠，一夜间便消散

公元 756 年，杜甫经历了人生中的第一次至哀。但他绝对想不到，这只是厄运的一个开端。那一年的秋天，也是当时天下人厄运的开端。安禄山起兵反唐，势如破竹，一路攻至潼关。唐玄宗带杨贵妃仓皇出逃，中途因军队作乱，不得已将杨国忠和杨贵妃全部处死。接着，唐玄宗逃至蜀中。而他的儿子，太子李亨自行登基，是为唐肃宗。

忧心于国的杜甫一听到这个消息，先把家小都安置在亲戚家里，一路随着逃难队伍去投奔唐肃宗，想报效朝廷。这一路的艰辛自不必说，最惨的是，半路还被叛军抓住，被押解回长安。也是在那个时候，杜甫写下了思念家人的幽怨："今夜鄜州月，闺中只独看。遥怜小儿女，未解忆长安。香雾云鬟湿，清辉玉臂寒。何时倚虚幌，双照泪痕干。"

既如此想家，又何苦不回家呢？这也是杜甫的"死心眼"之处吧，在被抓之后，他又偷偷跑出来，还偶遇了李姓宗室子弟，他祈求对方带他一起走，即使卖身为奴也心甘情愿。

不知道诗人是用诗句还是眼泪打动了那位宗室子弟，总之对方被感动得不行，马上应允带他一起走。怎奈运气背到让人无语，在路上，他第二次被叛军俘虏。一直到第二年，才狼狈不堪地赶到唐肃宗的大本营——陕西凤翔。

当时的唐肃宗正是求才若渴的时候，看到杜甫这般历尽辛苦赶来报效朝廷，"麻鞋见天子，衣袖露两肘"，非常感动，马上封了一个左拾遗的官职给他。而这，大约也是杜甫这一生做过的最大的官儿了。

只可惜，杜甫这一辈子，就是与官字无缘。左拾遗的官位才做了不到几个月，他就因为替房琯说情，马上遭到新君冷遇。连当初被发跣足舍命而来的好感值，也一下子被刷光了。

说到这事，还真怨不得唐肃宗对杜甫有意见。当时，因为安禄山叛变，长安沦陷，时任宰相的房琯主动请缨，要求收复失地。可惜决心大能力小，这一战打败了不说，还损失了唐军的大部分兵力。这个时候为败军讲情，肯定是凶多吉少。但是，杜甫还是选择了为老朋友两肋插刀。如此一来，失宠的结局也是注定的了。

从这件事也不难看出，杜甫确实是一个纯粹意义上的"好人"。多年正统的儒家教育，使得他不仅有"忠君"的概念，更有对朋友的"义"。即使面对君王的厌弃，也绝不愿放弃。只可惜，这样耿直的好人，并不适合混迹官场。在这一点上，他的好朋友高适就比他"明白"得太多了。

几个月后，杜甫就获得了一次省亲的机会。对于一年多没见到亲人的杜甫来说，这实在是一个好消息。但也不能不从另外一方面看出，唐肃宗已经对他相当不待见了。潜台词就是，能走多远就走多远，别在我眼前晃了。

但值得庆幸的是，尽管经历了恐怖的兵荒马乱，但杜甫一家人都安然无恙。特别是看到他平安回来，妻儿又惊又喜，连邻居都凑过来看热闹："妻孥怪我在，惊定还拭泪。世乱遭飘荡，生还偶然遂。邻人满墙头，感叹亦欷歔。"

六 辗转乱世，以诗写史

回来之后，杜甫写了一首六百多字的五言古诗《北征》，这首诗被认为是杜甫最具代表性的长诗之一，一直受到历代诗评家的极度推崇。看杜甫的诗，就像看一篇纪实文学。在这首诗里，他详细地介绍了自己从皇帝身边回家，这一路上惊心动魄的经历。因为战乱，目光所及之处"乾坤含疮痍，忧虞何时毕"。回到家之后，看到妻儿的狼狈，欣喜之余，悲从中来。"妻子衣百结。恸哭松声回，悲泉共幽咽。平生所娇儿，颜色白胜雪。见耶背面啼，垢腻脚不袜。床前两小女，补绽才过膝"。尽管自己的小家一片凋零，但杜甫还是心心念念朝廷，特别担心唐肃宗为了打败安禄山，还从回纥借兵，以后会不会有麻烦呢？真是操不完的心……

但遗憾的是，对于朝廷而言，杜甫就像一个不受公婆待见的媳妇，不管操了多少心，做了多少事，依旧离不开冷板凳。特别是那个时候，他的好几个好朋友，像严武等人，死的死，贬的贬，都离开了长安。在外，他无知己可依恃；在内，他见弃于新主。此刻的悲凉，在《曲江二首》中可见一斑。

一片花飞减却春，风飘万点更愁人。

且看欲尽花经眼，莫厌伤多酒入唇。

自古以来，优秀的作品都来自悲伤的浸淫。杜甫更是如此，在他留下的近 1500 首作品中，大部分的主题都来自战乱离别的忧思。他最著名的"三吏"和"三别"诗，也是在这个时候创作的。

史料记载，公元 759 年的三月三日，郭子仪、李光弼、王思礼等九节度率所部二十万大军围攻叛军安庆绪于邺城，然唐军大败，郭子仪退守河阳。为了挽救败局，官府到处征兵，所到之处，一片凄然。

而这一幕幕凄惨无奈的景象，就在杜甫的诗中如现场回放一样，被忠实地记录下来了。在《石壕吏》中，老妇哭诉："三男邺城戍。一男附书至，二男新战死。"但最后还是被拉去给军营做饭。而《新婚别》中，刚刚成婚的夫妻也被迫分别，"君今往死地，沈痛迫中肠"。

这就是杜甫，乱世之中，他不只担忧着自己的命运，也时时记挂着在战火离乱中痛苦挣扎的天下人。

当年的六月，因为杜甫上疏为房琯求情，被贺兰进明弹劾，房琯罢相，他也被贬为华州司功参军。从此以后的余生，他就在各处漂泊，再也没能回到皇帝身边。

华州司功参军和左拾遗一样，都是八品小官，但实际相差却太远了，后者至少是留在皇帝身边。现在的这个小官不仅工作环境差，加班加点都难以完成公务。即使这样，他还是关心朝廷政务，甚至还不断地上书，让朝廷谨慎对待借用回纥军队的安置问题，但因为人微言轻，根本没受到任何重视。

这一年冬天，杜甫偶然在路边看见一匹病马，瘦骨嶙峋、毛发脱落，那应该是一匹曾经驰骋沙场的战马。看到老马，不禁让诗人悲从中来，病弱孤独的老马，似乎就是自己悲凄的未来……

当时历块误一蹶，委弃非汝能周防。
见人惨澹若哀诉，失主错莫无晶光。

七 在饥荒战乱中挣扎的一代诗圣

战乱伴随着的就是饥荒。因为无法养家糊口，杜甫选择弃官，然后带着一家子准备赶往秦州，投奔那里的亲戚。秦州也就是今天的甘肃天水。在这里，虽然有侄子和朋友的帮忙，但杜甫一家还是过得非常艰难，没办法，他又带着全家迁往同谷。在一组《同谷七歌》诗里，杜甫描述了自己惨淡的现状：

有客有客字子美，白头乱发垂过耳。
岁拾橡栗随狙公，天寒日暮山谷里。
中原无书归不得，手脚冻皲皮肉死。
呜呼一歌兮歌已哀，悲风为我从天来！

一代诗圣名家，过的竟然是这样凄惨的生活，就更别提同时代的普通百姓有多惨了。

即使日子过得如此狼狈，他还是惦记着自己的好友李白。尽管多年之前，他们就再也没有见面的机会了，但他也听说李白因为投靠永王被捕下狱，生死不明，不禁日夜思念："死别已吞声，生别常恻恻！江南瘴疠地，逐客无消息。故人入我梦，明我长相忆。"后来又听说李白被流放夜郎，又开始担心边地苦恶，李白受不了怎么办？"凉风起天末，君子意如何。鸿雁几时到，江湖秋水多"。

他也无时无刻不在惦记着自己的弟弟和妹妹。自从洛阳一别，亲人久无音讯。那一首《月夜忆舍弟》，尤为动人心扉。

戍鼓断人行，边秋一雁声。

露从今夜白，月是故乡明。

有弟皆分散，无家问死生。

寄书长不达，况乃未休兵。

也难怪我们看到的杜甫画像一身清癯，面容愁苦，因为让他操心的事儿，真的是太多了……

公元759年，是杜甫人生经历中最奔波的一年。因为同谷的日子也不好过，他就携带全家向南而行。几乎每到一处，他便留诗一首。闻一多先生也根据他一首首诗歌，拼凑出了他的远行路线图："以十二月一日就道，经木皮岭、白沙渡、飞仙阁……石柜阁、桔柏渡、剑门、鹿头山，岁终至成都，寓居浣花溪寺。"

从甘肃到巴蜀，这一路下来，对现代人来说也不容易，更何况一千多年前的交通状况要恶劣得多。杜甫带着妻儿六人，风餐露宿，辛苦可想而知。但不管怎样，温暖湿润的巴蜀之地，会是他们动荡生活中难得的一个栖息之地。

八 岁月静好的蜀州

成都在唐时已经是繁华之地，很多诗人都有过游历巴蜀的经历。当然，对于杜甫来说，观光赏景不是最重要的，他首先得在这里把一家老小安置下来。幸而有老友相助，比如严武、高适等等，闻名后世的杜甫草堂就这样搭建起来了。

在饱经背井离乡的苦楚、备尝战乱流离的艰虞之后，诗人一家终于获得了一个暂时安居的栖身之所。在成都的那段时间，是杜甫这一生中难得的黄金岁月。

如果理解了他颠沛流离的经历，那么，读杜甫的这首诗，可能更让人倍感岁月静好的温柔。

清江一曲抱村流，长夏江村事事幽。
自来自去堂上燕，相亲相近水中鸥。
老妻画纸为棋局，稚子敲针作钓钩。
但有故人供禄米，微躯此外更何求。

终于不必再"手脚冻皲皮肉死"，也无须"岁拾橡栗随狙公，天寒日暮山谷里"。此刻"画纸为棋局，敲针作钓钩"，是多么难得的人生之幸。

这样的安定日子大约有四五年时间，杜甫的诗里也多了安静闲适的味道。即使有伤感，也是对韶华已逝、而亲友远隔天涯的遗憾。他还是在想念李白，越是闲适的时候，越是担心他那位花甲之年依然流浪江湖的好友。

不见李生久，佯狂真可哀。
世人皆欲杀，吾意独怜才。
敏捷诗千首，飘零酒一杯。
匡山读书处，头白好归来。

很遗憾，就在杜甫写完这首诗的第二年，李白就客死异乡了。可能一直到最后，他也没能知道远方好友对他切切的思念。杜甫是真的想念他，希望当他漂泊久了，累了，可以回到"匡山"，白发苍苍的他们一起回到当年的读书时光。

真是另一个版本的"当你老了，头发白了"，一样的让人恻然。

九 乱世无福地，身飘如转蓬

转眼春天逝去，经过了炎热的夏季之后，蜀州迎来了萧瑟的深秋。而那一个晚上，狂风怒号，杜甫的草屋遭遇了前所未有的危机。房上的茅草被风刮走了，又赶上一夜大雨如注。

> 布衾多年冷似铁，娇儿恶卧踏里裂。
> 床头屋漏无干处，雨脚如麻未断绝。
> 自经丧乱少睡眠，长夜沾湿何由彻！

觉是没法睡了，杜甫不能不悲上心来。但他的悲却不只是自己的悲，而是广大"天下寒士"的悲。以己之苦，知人之苦。杜甫的这份心胸，是很多诗人都难以达到的高度。

只是命运对诗人从来都太苛刻。或者说，乱世之中，又怎么可能有个人的幸福和安然？三年后，杜甫的两位好友高适和严武先后离世。他们不仅是杜甫的至交，也曾在生活上给予了他们一家莫大的帮助。最要命的是，过不久，回纥、吐蕃入犯陇右关内一带，大量人民逃难入蜀。官兵们借机横征暴敛，蜀中也不再是净土。无奈之余，杜甫一家只能再次踏上漂泊之路。

> 五载客蜀郡，一年居梓州。
> 如何关塞阻，转作潇湘游。

赶往潇湘的路大部分都在水上。那是一个繁星点点的夜晚，船舱里的家人都入睡了，只有杜甫说什么也睡不着，他在细数着一个个已经永别的好友。761 年，王维卒；762 年，李白卒；763 年，房琯卒；而今年，他又失去高适和严武。在这飘摇的人生中，他就像一叶孤舟，不知流落何方。而这首《旅夜书怀》也被认为是他诗中最著名的一首。

细草微风岸，危樯独夜舟。
星垂平野阔，月涌大江流。
名岂文章著，官应老病休。
飘飘何所似？天地一沙鸥。

五十六岁那一年，杜甫一家在夔州暂时安顿下来。买了些田地，还有果园，那一阵子，他忙着指挥农夫和奴仆伐木、修补栅栏、耕地、除草、灌溉，连写的诗文都是与耕作稼穑有关的。

看起来是很充实很平和的生活。但杜甫即是如此，虽生活安定了，心却一直在漂泊。可以想象，这位五十多岁的老人，即使一边在田地里忙碌，歇息之际，也忍不住叹息，不知道远在一方的弟弟和妹妹最近怎样，更不知道，朝廷是否还有中兴的希望。

那一年深秋，又到了重阳时节。那个清瘦的老人颤颤巍巍地爬上高岭，极目远眺，深秋的冷风浸透了衣衫，但他依然努力地望向远方，在比远方更远的地方，有他太多年没有见过的弟弟和妹妹，还有他心心念念的长安。

风急天高猿啸哀，渚清沙白鸟飞回。
无边落木萧萧下，不尽长江滚滚来。
万里悲秋常作客，百年多病独登台。
艰难苦恨繁霜鬓，潦倒新停浊酒杯。

从古至今，书写重阳的诗有很多。除了最著名的"独在异乡为异客，每逢佳节倍思亲"之外，就是杜甫的这首《登高》。前一首诗作者是王维，那个时候的他，虽然心里有满满的思念，却处于意气风发的年轻时代。而此时的杜甫，心有愿，身已老。半生已过，满目苍凉。整首诗无泪字，却透出如滚滚江水般的哀意和悲凉。

⑩ 观剑器舞勾起的思乡情

而在这一年，他居然在偏远的夔州还邂逅了一位来自长安的熟悉面孔——李十二娘。准确地说，杜甫与她并不熟悉，他熟悉的，是她的剑器之舞。

杜甫在他的《观公孙大娘弟子舞剑器行》中，就详细地记述了这一次的相遇：问其所师，曰："余公孙大娘弟子也。"开元五载，余尚童稚，记于郾城观公孙氏，舞剑器浑脱，浏漓顿挫……

> 昔有佳人公孙氏，一舞剑器动四方。
> 观者如山色沮丧，天地为之久低昂。
> 爧如羿射九日落，矫如群帝骖龙翔。
> 来如雷霆收震怒，罢如江海凝清光。
> 绛唇珠袖两寂寞，晚有弟子传芬芳。

多年之前的开元年间，那个时候的杜甫，还是一位少年，他曾有幸观看了当时著名的剑舞大家——公孙大娘的精彩表演。往事如烟，如今在异地他乡，在知天命的年龄，他再一次看到公孙大娘的弟子表演同样的舞蹈，怎能不让他感慨万分！

只是此时，他感慨的，不光是岁月的流逝，更有对盛唐的光辉如烟花般消逝的痛念。

> 五十年间似反掌，风尘澒洞昏王室。
> 梨园弟子散如烟，女乐余姿映寒日。
> 金粟堆前木已拱，瞿塘石城草萧瑟。

这一次的偶遇，再一次触动了杜甫对京华的忆念。公元 768 年，57 岁的杜甫又开始张罗着搬家了。事实上，在他的生命里，夔州的这处房产和田地是一处不错的安身之地。但是，还是留不住他恓惶的心。他在焦虑什么？说简单也不简单。首先是心心念念的朝廷，他不甘心没有为苍生尽最后一份力就魂归异处。其次，他太想念家乡了，那就是千里之外的河南洛阳。

但现实是残酷的，即使他一点点地往中原的方向赶来，他还能有机会做官为民请命么？甚至，他那孱弱的身体，能禁得住这千里飘摇的归乡之路吗？

但不管怎样，杜甫还是踏上了归程。在走之前，他把一切大小事宜都安排妥当，甚至连邻居的事情都细细做了交代。原来，他院里有一棵枣树，邻居的一位贫妇经常偷偷打枣子吃，他从来都是装作不知道。眼下，自己的院落和田地给了亲戚，他不免又嘱咐那位亲戚，让他不要为难那位贫妇。

> 堂前扑枣任西邻，无食无儿一妇人。
> 不为困穷宁有此，只缘恐惧转须亲。
> 即防远客虽多事，便插疏篱却甚真。
> 已诉征求贫到骨，正思戎马泪盈巾。

他告诉亲戚，那位邻居是因为家里人都去征兵了，困苦得很，不然也不会占这个小便宜，你万万不要怪罪她。

这番细心，这番慈心，却不曾有机会成为父母官，不仅是杜甫的损失，更是黎民百姓的无缘啊。

十一 梦魂思故里，辗转江上游

这一年的冬天，杜甫一家辗转来到了湖南岳州。一个积雪未消的夜晚，他们的小船停泊在岸边，忽然，平静的江面上，传来了忧伤的音乐。杜甫听得出来，这就是一种古代龟兹国的乐器——觱篥的乐声。唐代诗人李颀就曾经有诗曰："南山截竹为觱篥，此乐本自龟兹出。流传汉地曲转奇，凉州胡人为我吹。旁邻闻者多叹息，远客思乡皆泪垂。"如今的杜甫，身老病忧，且远在异乡为异客，听到这段乐声，更是让诗人辗转难眠。

> 夜闻觱篥沧江上，衰年侧耳情所向。
> 邻舟一听多感伤，塞曲三更欻悲壮。
> 积雪飞霜此夜寒，孤灯急管复风湍。
> 君知天地干戈满，不见江湖行路难。

公元 770 年，是杜甫在人世间的最后一年。命运对他严苛至极，即使在最后的岁月，也没能让他有短暂的安稳。或许从经历战乱，目睹民众苦难的那一刻起，杜甫的心就不曾安稳过。5 月，杜甫一家再次在潭州遭遇叛乱，幸而逃出城，慌乱中乘船离开。

> 五十头白翁，南北逃世难。
> 疏布缠枯骨，奔走苦不暖。
> 已衰病方入，四海一涂炭。
> 乾坤万里内，莫见容身畔。

在杜甫的这一生中，他遭遇了太多场战乱，连送好友出蜀州的时候，都曾因遭遇战乱，不得不留滞外地一年多，但不论哪一次战乱，留在内心的都是彻骨的痛苦。

船儿悠然，沿着湘江一路漂流，从深秋到冬季。杜甫多数时间都倚在船舱边，眼望着清缓的碧波荡漾，他想起了很多人，很多在他生命中重要的、思念的人。比如李白，他已经知道那位谪仙早就魂归异处了。还有曾关心帮助过他的老友高适，他们相识于微贱，却多年保持联系不断。就在高适临死前的那一年，还曾写诗给他，感慨世间之无常。他甚至想起了李龟年，他不是他的朋友，却是多年前的故人，回想当年，在岐王府中，他们曾无数次地擦肩而过，有时会有微微的点头之仪。多年之后，在千里之外的潭州，他们居然意外地相逢了。想当年，那个英俊而多才的乐人是多么备受权贵的宠爱，如今贫穷落魄，漂泊一方。相识红颜时，如今满鬓苍。只能轻叹一句："正是江南好风景，落花时节又逢君。"

公元770年冬，杜甫卒于湘江漂泊的一条小船之上。他死后，妻子杨氏将他安葬在岳州，独自带着儿子回到老家洛阳。

而许多年之后，他的孙子虽然已很贫困，却牢记了祖父临终前的遗愿，历尽千辛万苦，将他的遗骸带回洛阳，实现了他回家的愿望。

岑　参

写诗仗剑走天涯　》》》

不知心事向谁论，江上蝉鸣空满耳

位于新疆吐鲁番市以东 42 公里处阿斯塔那—哈拉和卓古墓群，是世界上最著名的古墓地之一，在 506 号墓穴中，考古人员意外地发现了一纸账单，糊在一个独特的罩在尸体的纸棺上，在古代，纸张珍贵稀少，即使用过的纸也不会随便扔掉，而是再做他用。这些随葬品所用的冥纸就是当时使用过的文件、档案、书信、账本等。

但这一张账单之所以引人注意，是因为上面有这样一行字："岑判官马柒匹共食青麦三豆（斗）伍胜（升）付健儿陈金。"

岑判官！这样一个独特的姓氏，又在那个专有的年代，不能不让史学家们一下子就想到一位著名的诗人。

他就是岑参。

手握着这张早已泛黄的账单，我们无法不想象出这样一幅场景，在一千多年前的某个黄昏，大漠的落日依旧夺目刺眼，刮了一整天的风沙刚刚平静。边关驿站的兵士走出营门，看到远方有一队驻兵军士缓缓勒马而来。走在最前面的是一个满面风霜略带疲惫的年轻军官，他指挥兵士在这里稍事休息，给马匹喂足粮草，然后准备继续出发。

一切安排就绪后，驿站的兵士殷勤地拿来纸张，请大人留字为据。军官稍作忖度，飞快地留下了这样一行书写，便率队匆匆离去了。

他并不知道，就是这一张账单，使得我们在千年之后，也终于有幸看到了那位著名诗人的亲笔手书，这纸上的寥寥几字，是他无意间留给我们的珍贵文物。

❶ 一门三相的没落才子

在唐代的诗史中，富有才气的诗人璀若星河。但谁也不能否认，在边塞诗中，论雄奇瑰丽，非岑参莫属。

和很多诗人同行一样，岑参的家世也很显赫。岑参的《感旧赋》说："国家六叶，吾门三相矣。"三相是指岑氏家族出过三位宰相这样的高官。他曾祖父岑文本相太宗，伯祖岑长倩相高宗、武后，伯父岑羲相睿宗。

很可惜，岑参没赶上家族最荣光的时候，到他出生早已是家业凋零。伯祖岑长倩因公开反对立武承嗣为太子，被腰斩于东市，五个儿子同时被赐死。伯父岑羲在宫廷斗争中站错了队，结果，岑羲被诛，籍没其家，株连其亲。

史书记载，岑参少孤贫，连他的学业，都是由哥哥亲自督导而就。好在有书香门第的底子，岑参从小到大就爱读书，在求仕不成的窘状下，走的也是学子们最常走的一条路：科考进学。但是，那一年，他也已经三十岁了。虽然高中一甲第二名，但官运不顺，经吏部试后，仅授右内率府兵曹参军这样的小官。

岑参很失望。想当年，因为长安房价物价太高，他和哥哥在山水秀丽的高冠峪中，置业建起了简陋的别墅草堂。那十年耕读生活还是很恬适的，而如今，为了一个芝麻小官，却要放弃原来的隐逸生活，真是纠结又失望。"只缘五斗米，辜负一渔竿"。

话虽如此，这毕竟也是入仕的第一步，虽然起点太低。岑参打起精神在这个不起眼的小官位上做了好几年，也如他之前预料的一样毫无起色。

二 找到投笔从戎的机会

终于，有一个改变沉冗命运的机会被岑参敏锐地捕捉到了。当时的大唐，边陲战事不断，很多文人都以参军为傲。比如王昌龄，就算没混上部队编制，都以随军人员的身份在大漠的风沙里历练了好几年。而岑参，起点总算比他要高，如果参军，至少也是个公务员下派。

终于，在公元749年，岑参任安西四镇节度使高仙芝幕府掌书记，初次出塞。

完全可以想象，当一个长久居于案堂之间的年轻人，终于有机会穿上戎装，并亲眼领略到了边塞的奇异风光，那激动的心，根本就按捺不住噌噌往外蹿的诗歌灵感。

万里奉王事，一身无所求。
也知塞垣苦，岂为妻子谋。

从这首诗中，完全可以看出，诗人刚刚踏出行程，豪情满心，壮志满怀。虽经历了行军中"十日过沙碛，终朝风不休。马走碎石中，四蹄皆血流"的苦楚，但这丝毫不影响他的凌云壮志。

但塞外的生涯，可不是一句"苦寒之至"就能概括的。没有一个人能像岑参一样，在诗中不说一个苦字，却让人感受到字字为苦的惊悚。

岑参参军的地方在现在的天山、轮台、雪海、交河等地。这些边境之城，在汉唐时期，就是著名的军事重地。岑参在诗里，也反复地提到过当地的恶劣气候。

北风卷地白草折，胡天八月即飞雪。

有人可能认为，诗人在创作的时候，会有夸张的色彩。特别是岑参的诗歌，久居内地的人们，读来有一种震撼感。但事实上，西域的环境就是如此的大相径庭。我有一个朋友居住在青海，九月，正是内地气候最好，江南甚至还燥热的时候，那里的很多地方已然大雪纷飞。所以，这句诗在当地人看来，简直就是再真实不过的写照。

纷纷暮雪下辕门，风掣红旗冻不翻。

轮台东门送君去，去时雪满天山路。

轮台，是岑参曾经反复在诗中提到过的一个地名。在《白雪歌送武判官归京》中，有"轮台东门送君去"。还有《轮台歌奉送封大夫出师西征》："轮台城头夜吹角，轮台城北旄头落"，此外《首秋轮台》中有诗感慨"轮台万里地，无事历三年"。

有人总结过，在岑参的诗中，至少有 16 首提到过轮台。看来此地在他的记忆中是非常深刻啊。还真有人考证轮台到底在哪里，最后得出结论，应该在新疆乌鲁木齐市南郊的乌拉泊水库旁，这里有一个唐代轮台城，正是岑参诗作中所指之处。

三 论一个好领导对于创作的重要性

从长安远征到遥远的新疆，岑参这一路走得确实艰难。天知道他这样一个文人，又远在边陲，要吃多少苦头。但部队从来都是一个历练人的地方，身体的苦并不为重，但如果和上司有过节，就是比较难过的坎了。在史书中并没有岑参与高仙芝如何不和的文字记载，但一个细节足够让人揣测。比如，他在高仙芝身边做掌书记整整三年，这阶段，他写山，写水，风雨雷电都出现在他的文字里，但就是一句也未曾夸赞过自己的直属领导。

在唐代历史中，高仙芝是一位颇有名气的将军。除了行军打仗很在行，最重要的是，这位来自高丽的年轻武将姿容秀美，风采卓然。但很遗憾，美貌的人也有性格上的缺陷，有史书记载高仙芝喜好敛财，且性格粗鄙，残忍。岑参与他，是典型的秀才遇到兵。所以，岑参只能以一字也无的沉默，表达自己的不屑。

终于，在憋屈了三年之后，岑参换了封常青这个新领导。由于彼此顺眼，工作进行得就顺利多了。封常青长相普通，却很有军事天才。起初，他和岑参都是高仙芝的手下。封常青因为长相问题被高仙芝各种看不上，但后来高仙芝发现此人才华出众，于是惺惺相惜并大力举荐。

后来，当封常青被封为代理北庭节度使时，便邀请岑参来做他的判官。岑参不是颜控，他对封常青是真的欣赏。这一阶段，也是岑参创作热情最高的时候，不少新作品，都是围绕新领导的日常工作展开的，比如《轮台歌奉送封大夫出师西征》《走马川行奉送封大夫出师西征》。

在岑参的诗里，对于雪和寒的记忆最为深刻。其中有一首《天山雪歌送萧治归京》，雪字就重复了 3 次之多。加上题目，4 次！

天山雪云常不开，千峰万岭雪崔嵬。

北风夜卷赤亭口，一夜天山雪更厚。

整篇看来，诗人仿佛就想传达这样的感受：你知道这里的雪有多大么？完全超乎你的想象！不管你怎么想！

除了冰雪，就是严寒。有多冷？请看诗中描写：

　　　　晻霭寒氛万里凝，阑干阴崖千丈冰。
　　　　将军狐裘卧不暖，都护宝刀冻欲断。

　　还有另一首诗中也说过：

　　　　将军角弓不得控，都护铁衣冷难着。
　　　　瀚海阑干百丈冰，愁云惨淡万里凝。

　　百丈冰，万里凝。看岑参的诗，就有冷冷的寒意。当然，这并不是岑参诗中的全部内容。如果只有苦和寒，岑参说什么也不会在三年后经历第二次边塞之行。这里是异域，这里有着和大唐完全不同的风采。

　　　　琵琶长笛曲相和，羌儿胡雏齐唱歌。
　　　　浑炙犁牛烹野驼，交河美酒归叵罗。

　　在边陲的日子，也不光是漫漫黄沙与无边的寂寞。在不打仗的时候，驻扎的军队和胡人的关系还是很融洽的。

　　　　九月天山风似刀，城南猎马缩寒毛。
　　　　将军纵博场场胜，赌得单于貂鼠袍。

　　美酒欢歌，夜场狂博，羌笛琵琶，胡舞飞旋。外面有寒星冷月，帐篷内，是满室的笑语与美食，也只有在茫茫大漠中，才有这样奇异的境遇，也才有这样的绚烂与疯狂。

四 未攀青云上，往事已成烟

岑参最初远走边漠的理由无非是建功立业。但三年又三年，第一次在高仙芝战事失利后，他本来是回到了长安。虽无功而返，但毕竟是从荒漠中回到了繁华都市。那个时候，岑参身边有杜甫、高适这样的同僚兼好友，可以一起对酒当歌，吟风赏月。但长安的沉冗让岑参依然很难适应。他在给杜甫的回诗中就忍不住吐槽："白发悲花落，青云羡鸟飞。圣朝无阙事，自觉谏书稀。"所以，当封常青给他的邀约一到，他就立即动身前往。

在岑参的骨子里，他已经爱上了这大漠。这里有他奇瑰雄浑的诗歌灵感，更有他对未来的勃勃野心。

其实，作为岑参的妻儿应该是很艰难的。诚然，在当时的大唐，男儿建功立业的想法很普遍。但像岑参这样，随时可以抛家离子，一走就是三年又三年，还是有点让人唏嘘。而彼时的联络方式，只有驿站传书，即使日日想念，可能也只有过了经年才能得到寥寥的手书。而岑参又是性格极为疏阔的人，有一次在大漠，他偶遇京城旧友办完公务回城，寒暄之余，他也想托付对方传递书信给家人。最后只变成了"马上相逢无纸笔，凭君传语报平安"。而春闺中翘首以盼的人，又真的是"平安"两字能慰藉的吗？

有人曾评判过岑参的诗。说他"雄浑开阔"有余，但少有"细腻感伤"的情绪。在岑参的边塞诗中，他抑或惊叹"轮台九月风夜吼，一川碎石大如斗，随风满地石乱走"，或者感慨"半夜军行戈相拨，风头如刀面如割"。有时，他也会醉心于"忽如一夜春风来，千树万树梨花开"。也许这正是诗人性格使然，有着怎样的心胸就流露出怎样的文字。

但纵观岑参的 300 多首诗歌，也不尽然完全如此。比如这首"君不闻胡笳声最悲，紫髯绿眼胡人吹。吹之一曲犹未了，愁杀楼兰征戍儿"。而这句"送君九月交河北，雪里题诗泪满衣"更是将这份思乡的幽怨倾诉到了极点。全诗 28 字，字字都在反复地倾诉着一个愿望：我想回家。

但为什么又不回去呢？因为这和岑参之前走出来的意愿差得太远。出身世家的他，希望凭一己之力重振岑家门楣，延续先祖的荣光。但第一个三年，他碌碌无功。现在好容易得到封常青的赏识，虽然大漠苦寒，毕竟还有机会。他亲眼看到封常青从一无名侍卫跃为将军之职，钦羡之情曾溢于言表："如公未四十，富贵能及时。直上排青云，傍看疾若飞。"

但岑参绝对没有想到，他第二次离开大漠的理由比第一次还要狼狈。不久之后，封常青和高仙芝都因为安史之乱中退守潼关，遭到唐玄宗的猜忌，再加上小人的谗言，结果两人双双被下旨杀害。

最先被杀的是封常青，高仙芝还有逃命的机会。但他看到自己一手提拔的属下和好友已经死去，顿时流泪长叹："封二，子从微至著，我则引拔子为我判官，俄又代我为节度使，今日又与子同死于此，岂命也夫！"说罢引颈受戮。至此，大唐王朝中著名的双子星"高封组合"一起陨落。一天内斩杀两名大将，整个军队为此惶然。虽然唐玄宗也异常后悔，但已于事无补，而这，也造成了唐朝时局在安史之乱中进一步恶化。

岑参就是在这种情况下无奈回到长安的。尽管，在他一生中，最壮阔最狂想的岁月都是在大漠中度过的。但是，自从他回来，他再也不提及有关往事的一字一句，更没有写过一首回忆当年的边塞诗作。在他的生命中，那段往昔，不管喜乐也好，悲伤也罢，都被统统封存了。

五 岁月如流水，冷且苍凉

以后的日子里，岑参也做过官，更遭到过罢黜。终于，人生中所有的喜悲都落脚在了成都的一个客栈中。767 年，岑参前往嘉州任刺史，一年后被罢官，东归路途不畅，在成都染病，最后客死异乡。

说来也遗憾，岑参的好友杜甫，大部分岁月都居在成都。而岑参染病在成都的时候，偏偏就是他不在成都的时候。弥留之际孤单一人，不知道岑参是否也曾为自己颠沛流离的命运感伤遗憾。少年时父母双亡，为光耀门楣，他一生都在不懈地努力，却始终未能达成心愿。年轻时的他是孤单的，步入黄泉的他，依旧是孤单的。

在岑参留诗中编年最晚的一首诗这样写道："人间岁月如流水，客舍秋风今又起。不知心事向谁论，江上蝉鸣空满耳。"

那一刻，他的心是平静的，也一定是凄凉的。但他一定不知道，他生前未能达成的夙愿，却一直穿越了千年。关山万里，莽莽平沙，那片大漠因他的诗作而被记颂千年。岑参的诗歌在异域远播，闾里士庶，戎夷蛮貊，莫不讽诵吟习。而这，也是我们对他最好的纪念吧。

品中国古代文人

中唐

刘禹锡
白居易
······

刘禹锡

这一生都不曾放弃 ≫≫≫

世道剧颓波，我心如砥柱

唐代的诗人，很少没有不想去做官的。而做了官的人，很少能保全一生不被贬谪。被贬谪的人，就没有不因此而抑郁或愤愤不平的。一辈子就在希望、失望之后是绝望的圈子里打旋。只有一个人是例外，他虽然很不巧地踩到了前边两个坑，但是，却依然把自己的小日子过得滋滋润润，最后还得了个颐养天年的完美结局。

23 年的贬谪生涯，而且是一波接着一波。如果第一波是天灾，那么第二波第三波完全跟个人有点"肘"不无关系。即使如此，这位老先生，却依旧乐呵呵地来回奔波，打定主意锻炼身体，保护自己。十年二十年算个啥，谁笑到最后谁才是人生赢家！

这位大唐牛人，就是著名的"诗豪"刘禹锡。

一 忆当年，也曾是浊世翩翩佳公子

公元 772 年，也就是杜甫去世的一年后，刘禹锡生于苏州嘉兴县嘉禾驿。当然，他与前辈杜甫在历史上并没有什么特殊关联，之所以把他们的名字联系在一起，只是作者想感慨，唐代实在是一个盛产诗人的朝代。那么多天分努力俱佳的才子，在其他时代出那么

一个两个都足以让人惊叹，而在这个时代，就好像果树上的果子一样，结了一茬又一茬。

再说回刘禹锡，史书想记述一个才子是多么特别，都喜欢把他的家谱往上多追溯几代。在这一点上，刘禹锡是不遑多让的，他在《子刘子自传》中自言，他是汉代中山靖王刘胜之后（刘备也曾自言如此）。据《史记》记载，这位汉武帝刘彻的异母兄弟刘胜为人喜好酒色，有儿子、支属一百二十余人（《汉书》记载有儿子一百二十余人）。所以，自称是他的后代，即使有假，穿帮的可能性也不大。

不管是不是王族后代，刘禹锡的聪明却是如假包换。九岁的他就师从名僧皎然、灵澈学诗。这两位高僧是唐代非常著名的人物，不仅修行了得，作诗以及茶道都堪称一绝。特别是皎然，有人说他的茶道与后来被称为"茶圣"的陆羽不相伯仲。

写诗，修行，喜欢茶道，都是神仙般的人物啊。

刘禹锡的科考运不错，二十二岁时就登进士第。二十四岁授太子校书。二十九岁那一年，他在淮南节度使杜佑幕府中任记室，为杜佑所器重，后来也是借重杜佑的举荐入朝，一路官运亨通，年纪轻轻就做到了监察御史的位置。

刘禹锡所处的时代为安史之乱后期，虽然民间已无战乱，但朝廷并不安稳。在经历了安史之乱后，皇帝对国家的控制力愈发衰弱，地方军阀割据，朝堂大臣抱团，皇帝不得不搬出家奴宦官来对抗大臣。结果，这又造成了宦官专政，势力甚至比外臣还大。唐顺宗即位后，他身边的东宫旧臣，就开始迫不及待地改革，其中最重要的就是从宦官手中夺回兵权。

宦官们肯定不会坐以待毙，马上就联络了藩镇节度使开始反对这个集团。很可惜，这些改革派虽然笔下功夫了得，手上却一兵一卒都没有。最后的结果是，才当了不到两百天皇帝的唐顺宗被迫退位，新皇登基。闹得轰轰烈烈的"永贞革新"宣告失败，这个改革集团中的首要人物王伾被贬后病死，王叔文被贬后不久也赐死，另外包括刘禹锡和柳宗元在内的八人，被贬到边远州做司马，这就是历史上的二王八司马事件。

二 探底人生正式开启

从那之后，刘禹锡就开启了自己被一贬再贬的探底人生。当年九月，刘禹锡贬连州刺史。一路顺风顺水的他，在三十四岁这一年却栽了个大跟头，即使强作欢颜，但在江陵遇到昔日好友韩愈时，还是不由自主地透露了对当下的惶恐忧思，以及对未来若有若无的希望。

北风忽震荡，惊浪迷津涘。怒激鼓铿訇，蹙成山崆嵰。
鹍鹏疑变化，罔象何恢诡。嘘吸写楼台，腾骧露鬐尾。
景移群动息，波静繁音弭。明月出中央，青天绝纤滓。

这首诗借景喻情，景致说的就是著名的岳阳楼景。如果全球评选伤心地之最，岳阳楼绝对是榜上有名。千百年来，位于湖南的这座楼阁迎来送往了不少被贬谪的名人志士，承载的感情也大多是悲情与无奈。楼还是那座楼，但往来的忧伤却各有不同。

但刘禹锡也没想到，让他迎头一棒的这次波折还不算是人生低谷的底部。还没走到连州，他又接到旨意，以他的被贬连州"不足偿责"为由，再贬为朗州（今湖南常德市）司马。看起来地方没那么远了，但职位也降了不少。如此看来，等到"明月出中央，青天绝纤滓"，还得假以时日。

三 把贬谪生涯过成了假期的唐代第一人

对于千年之前的官员来说，被贬谪是再悲惨不过的命运。但事实上，所谓的蛮夷之地，都不乏山明水秀，是最为养身养心的好地方。刘禹锡所任的朗州司马，是一个闲散的副职，正好可以让他优游自在，游山玩水。

他最先游赏的，就是陶渊明笔下的桃花源。"晋太元中，武陵人捕鱼为业。缘溪行，忘路之远近。忽逢桃花林，夹岸数百步，中无杂树，芳草鲜美，落英缤纷"。文中所说的武陵，就在湖南常德，正是刘禹锡的所辖地，他兴致勃勃地写了一首自己最长的《游桃源一百韵》叙述了这次游览的经历。

他还曾几次在洞庭湖泛舟游览，写了不少诗，特别是那首《望洞庭》，更是千百年来赞美洞庭湖难得的佳作。

> 湖光秋月两相和，潭面无风镜未磨。
> 遥望洞庭山水翠，白银盘里一青螺。

看山是山，看水还是水，相比一写诗就要借景暗寓自己身世坎坷的诗人来讲，刘禹锡的这份豁达相当难得。最重要的是，这位夫子特别地能融入当地环境，俗话讲，就是不把自己当外人。

这可是一种特别好的品质，要知道很多官员一听说自己被贬谪到"巴山楚水"，别人还没说什么，自己都要哭死。因为他们总觉得那里是蛮夷之地，而自己这么才高八斗的文化人，又怎么能和当地人沟通往来呢？但刘禹锡显然不同，他不仅不以为然，反而还兴致满满。

当时的朗州，有些地方的耕种还没有完全摆脱刀耕火种的方式，少数民族还有跳月、对歌的风俗。还有人以舟为家，在水上生活；青年男女的交往也自由随意得多，而这些，都被刘禹锡写进了诗里。

> 家家竹楼临广陌，下有连樯多估客。
> 携觞荐芰夜经过，醉踏大堤相应歌。

那是个月光如银的晚上，陌生的估客（驾船的客商）和卖菱角的姑娘在对歌调笑。水面上波光粼粼，仿佛是年轻人洒下的银铃般的笑声在水中跳跃。

年轻多好，恣意的欢喜多好。这一切，在现代人眼里不算什么，但千年以前，一位受过正统儒家教育的大诗人也能以这样温情浪漫的笔调写出来，就不能不让人惊叹了。

《唐书》曾这样介绍当时朗州的情况："州接夜郎诸夷，风俗陋甚。家喜巫鬼，每祠，歌《竹枝》，鼓吹裴回，其声伧儜（声音刺耳难听）。"但刘禹锡显然不这样认为，他每到一地，就是在当地民歌的基础上，创作出一系列的诗词，比如著名的《竹枝词》，就是在四川夔州创作的。

> 杨柳青青江水平，闻郎江上踏歌声。
> 东边日出西边雨，道是无晴却有晴。

一千多年前，在那个春光明媚的季节，北来的谪人刘禹锡在一家茶楼慢慢地品茶。之前，他的眉间还有深锁的忧愁，因为他刚刚收到来自长安的消息。宪宗诏：刘禹锡等八人，"纵逢恩赦，不在量移之限"。那个时候，他也第一次听到了王伾已病卒、王叔文赐死的噩耗。

一般逢遇新皇登基，被贬谪的官员都有起复的希望。而唐宪宗显然是恨极了"永贞革新"的这些人，竟然下旨，即使有大赦的机会，也绝不会让他们享受福利。

难道，自己真的要在这偏远之地待上一辈子么？在来茶楼之前，刘禹锡的心情十分糟糕。但当他落座下来，随着清香的茶汁缓缓爬过舌尖，心情竟莫名地好起来。放眼望去，窗外的景象更是让人心情愉悦：不远处的湖水中，"秋阳灿烂，湖平如镜，紫菱如锦，彩鸳飞翔"。扎着蓝花布帕的少女，驾着美丽轻巧的采菱船，伴着欢快的歌谣和会心的笑语，忙着采菱。

> 白马湖平秋日光，紫菱如锦彩鸾翔。
> 荡舟游女满中央，采菱不顾马上郎。

夜幕降临了，但依然可以看到细腰的朗州女子正结伴走在城外大堤上，她们唱着软软的南曲，自由嬉戏。

> 春江月出大堤平，堤上女郎连袂行。
> 唱尽新词欢不见，红窗映树鹧鸪鸣。

这样的景象，在长安是很难看到的。虽说这里是人们口中的边远之地，但街面上茶楼酒肆林立，渔鼓声声，酒令阵阵，这让久居尘网的刘禹锡感到了生活的闲适与美好。

四　坚若磐石，此心如初

后世有评论认为，刘禹锡谪居朗州这九年多，绝不是虚度的，他至少对当地的文化发展有过相当大的贡献。而波折的生活历练就像海浪，能够淘沥出一个人最真实的性格特征。刘禹锡就属于被大浪淘沙之后依然顽立下来的磐石。

在朗州期间，他也写过不少赋，比如《何卜赋》《砥石赋》等等。《何卜赋》是刘禹锡在贬谪朗州后期所写，"何卜"即何必占卜的意思。

《何卜赋》开头指出："余既幼惑力命之说兮，身久放而愈疑。心回穴其莫晓兮，将取质夫秉龟。"

刘禹锡说自己从小就对这种智力拗不过命运的说法表示疑惑，身遭长期贬谪就更加怀疑，反复思考还是想不明白，于是就去找占卜的人来解答疑难。而朗州地属楚域，楚人风俗信巫神而好占卜，于是他召来一个卖卜的老头询问。他说，不管是按照面相还是所谓的否极泰来，我觉得我都不该一直窝在这个地方，可为什么到现在我的命运也没有改变？一番长论之后，刘禹锡得出结论：就是时机的问题。

> 谅淑恶之同出兮，顾所卜之若何！夫如是，得非我美，失非我耻。其去曷思，其来曷期。姑蹈常而俟之，夫何卜为？

时机失去了，不必去想；时机来了，也没必要期待。既然如此，何必卜卦？

有人说刘禹锡是唯物主义者，由此看来，还真是有那么一点意思。

写完《何卜赋》，刘禹锡的心情好多了，命也就是时也！等着呗！那段时间，他的另外一首诗也一不小心名垂千古。

> 自古逢秋悲寂寥，我言秋日胜春朝。
> 晴空一鹤排云上，便引诗情到碧霄。

看看这境界，贬谪之人最怕秋天，平时还好，一看到落木萧萧的景象，那本来还不错的心情也跟着凄凉了几分。但刘禹锡却反其道行之：谁说秋天不好，秋高气爽啊，我这写诗的灵感都跟着往上涨啊！

还别说，他的心情一放松，朝廷那边也来消息了，把他召回了长安。

五 好容易回来了，写诗闯祸了

四十四岁那一年，刘禹锡兴致勃勃地和好友柳宗元等人奉诏回长安。但是，让人没想到的是，他二月到京城，三月就重新被流放到播州，就是今天的贵州遵义。

这是怎么回事呢？难不成千里迢迢把他召回来，就为了把他流放得再远一点？后人分析认为，这一次的被流放，与刘禹锡自己大有关系，就因为他的那首《元和十年，自朗州承召至京，戏赠看花诸君子》。诗里是这么写的：

> 紫陌红尘拂面来，无人不道看花回。
> 玄都观里桃千树，尽是刘郎去后栽。

从表面来看，这是一首踏青赏花的作品。但朝廷里的大臣，个个都是人精，马上就品出了诗里的揶揄：桃树寓意现在的新贵，而赏花之人则是趋炎附势的一众。"尽是刘郎去后栽"一句满含嘲讽：你们现在这么嘚瑟，还不是因为我走了，才有了你们冒头的机会么？

然后，就没有然后了。三月，刘禹锡复出为播州刺史。还是因为当时的宰相裴度讲情，才改为稍微近一点的连州，也就是现在的广东清远。

一般人如果遭遇了这样的两次打击，恐怕早就沮丧到怀疑人生了。或许刘禹锡在上任的路上，也曾捶胸顿足，也曾狠狠掐过自己那只写字的手。但不管怎样，你碰到了那么小气，连句玩笑都不能开的皇帝和同僚，又能有什么办法？只能含泪笑着面对了。

六 有宰相之才，何况地方长官

还别说，连州这些年，刘禹锡比以前更忙活了。作为地方长官，他还来不及伤春悲秋，就投入到火热的基层建设中。

连州是汉族瑶族杂居的地方。刘禹锡有一个特别好的习惯，就是不摆架子。他听说瑶家人擅长打猎，于是，在"猎日"，他也带上随从，兴致勃勃地跟随瑶族猎人上山打猎。回来马上挥毫泼墨，写下日记一篇：《连州腊日观莫徭猎西山》。特别是对围猎场面描绘得生动传神：

猎鹰虑奋迅，惊鹿时踘跳。
瘴云四面起，腊雪半空消。
箭头余鹊血，鞍傍见雉翘。

估计刘禹锡一边写一边自己得意：比我写得好的，都没参加过打猎；参加打猎的不用说，都没有我文笔好。所以我的这篇日记，不消说又是一篇传世佳作了！

作为地方长官，刘禹锡做得也是相当合格。817 年，连州出现"罕瘅呕泄之患"，这时，刘禹锡又发挥了自己的医学天分，在好友柳宗元的帮助下，鼓捣出一个救治的方子。有了这一次大规模的临床经验，刘禹锡再接再厉，还写出了医书《传信方》二卷，这部医书不仅在连州流传开来，后来还传到日本、朝鲜等地。日本的《医心方》、朝鲜的《东医宝鉴》等都收录了《传信方》中的许多方剂。

早在长安之时，刘禹锡的好友王叔文就曾感慨：他实为宰相之才。看来，这位短命的王叔文虽然运气不佳，但看人功夫一流。就刘禹锡的才华而言，他不管置身在哪里，于当地人而言，他都是一位有才华又能做出政绩的难得的好官。

当刘禹锡远在连州的时候，长安接连发生几件大事。因宰相武元衡力主削藩，竟惹来杀身之祸，被藩镇派来的刺客暗杀，而且死状惨烈。这一次，优柔寡断的朝廷终于怒了，于是派裴度为相，讨伐叛镇。裴度不负众望，率官军雪夜奇袭叛军巢穴蔡州城，生擒叛镇头领吴元济，平定了淮西叛乱。

这个消息，让远在边隅的刘禹锡也非常激动：看没看到，削藩归权就是当年我们的主张！可是遭到冷遇不说，还被甩到边地一待就是二十来年！但不管怎样，这也证明了，自己的倔强和坚持确实没错。既然如此，那么自己回归大部队，也该是指日可待了吧？

七 泣血两祭文，哀恸送老友

就在刘禹锡翘首以盼朝廷来信的时候，却接到一个噩耗，自己的老母亲去世了。

严格来讲，刘禹锡母亲的故去应该算是喜丧，毕竟老太太已经快九十了。但是，让他没想到的是，他又接到了另外一个沉重的打击，刚刚吊唁过他母亲的好友柳宗元，在不久后，居然也不幸故去了。

这让刘禹锡真的是太伤心了。所谓"患难见真交"，当年考进士的时候，他就与柳宗元相识相知。连倒霉的时候，都是一起被下放。这么多年，两人的感情始终不离不弃。他在连州因为疫情一筹莫展的时候，也是柳宗元殷殷寄来药方，解了燃眉之急。如今，好日子马上就要见亮的时候，老友却先行一步了，怎能不让他悲痛欲绝！

刘禹锡这一生给不少人写过祭文。但是，为柳宗元写的祭文却一连写了两次。

忆昨与故人，湘江岸头别。

我马映林嘶，君帆转山灭。

马嘶循古道，帆灭如流电。

千里江蓠春，故人今不见。

真是一字一滴血，一句一泪流啊。

八 巴山楚水，灵感的源泉

在为母亲丁忧三年之后，刘禹锡重新述职。这一次，他被派往夔州，也就是如今的重庆奉节。

到了夔州之后，他花了不少心思写了有关地方治理的《夔州论利害表》，文中引经据典，摆事实讲道理，但很可惜，碰上的是唐穆宗这种昏庸无能、不解风情的上峰，再好的文章也如同石沉大海，没人搭理。

刘禹锡一边伤心失望，写了一篇《蜀先生庙》，表达自己的幽怨之情，一边再接再厉，给丞相上书。到最后，到底办成了一件不错的实事：那就是解决了当地官学资材不足的问题，让更多的学子有了念书的机会。

事实上，刘禹锡虽然没有成为一代名相，但他不管到哪里，都是那一方百姓的福气，这也是他不同于其他贬谪官员的地方。他自己也知道，自己的才华远大于被分配的工作，但他从不让自怨自艾的情绪影响到当下的工作。这不仅是对当地百姓负责，更是对自己度过的每一天负责。

和在朗州一样，刘禹锡对夔州当地的民歌兴趣满满，除了任上的工作之外，他更像是一位采风的作家。那些所谓不入流的民歌，被这位诗文大家一修饰改写，也成了传颂千古的名句。

山桃红花满上头，蜀江春水拍山流。
花红易衰似郎意，水流无限似侬愁。

公元 826 年，刘禹锡在又熬死了一位皇帝唐穆宗，经历了最后一个被贬谪的工作地安徽和州之后，终于应召回到洛阳。

九 二十三年折太多

23 年，从遥远的巴山楚水又回到帝国的首都洛阳，这里虽然不如当年那般繁花似锦，却依然是大唐最引以为傲的都城。当年，他就是从这里一路南行，越行进越凄凉，走时是年轻时的意气风发，归来是鬓发如霜。这一切，连他的老朋友白居易都甚为不平。

为我引杯添酒饮，与君把箸击盘歌。
诗称国手徒为尔，命压人头不奈何。
举眼风光长寂寞，满朝官职独蹉跎。
亦知合被才名折，二十三年折太多。

你如此大才，却运气不好。同辈的人都升迁了，只有你在荒凉的地方寂寞地虚度了年华，朝廷对你二十三年的流放也太严重了！

白居易和刘禹锡是多年的好友。刘禹锡现存的几百首诗歌中，有相当一部分都是和白居易的唱和之作。所以，这些推心置腹的话，也只有好朋友才能说得出来。

这些同情的话语，搁在一般人听来，可能早就忍不住热泪纵横了。但刘禹锡却不是"一般人"，面对好友的关心，他表示感激，而对自己遭遇的不公，他也有非同一般的豁达。

巴山楚水凄凉地，二十三年弃置身。

怀旧空吟闻笛赋，到乡翻似烂柯人。

沉舟侧畔千帆过，病树前头万木春。

今日听君歌一曲，暂凭杯酒长精神。

没错，我是被流放了 23 年，如今重新回到都城，都有一种恍如隔世的感觉。但没关系，我是老了，如一艘沉船，一棵病树，但在我身畔，依旧会有数不尽的人才辈出。今天听到您对我所做的这一曲歌，就借着这杯酒，让我重新打起精神吧。

这就是刘禹锡，被称为"诗豪"的他，的确有着平常人所难以拥有的豪气。他就像一个斗士，不管在什么地方，遭遇什么打击，都不曾颓丧放弃。归根结底，他从不认为"永贞革新"是错误的。自己在政治上的失败，是因为"平地生峰峦，深心有矛戟"，但不管怎样，"世道剧颓波，我心如砥柱"，这就是他所持的人生态度。

⓾ 旧诗重续，我不认输

最有意思的是，过了不久，他又写了一首当年曾闯过祸的刘郎桃花诗。十四年前，因为他的那句戏言"玄都观里桃千树，尽是刘郎去后栽"，惹恼了一众权贵，使得他刚刚回到都城，就不得不继续疲于奔命。

很多人都认为，这 14 年的贬谪生涯应该让刘禹锡没什么脾气了，至少，在自己曾经跌过跟头的地方，不会再涉足了。可是这位老先生，偏偏不信这个邪，这一次的游玄都观诗，要说没有挑衅的成分，连读者都不信了。

百亩庭中半是苔，桃花净尽菜花开。

种桃道士归何处，前度刘郎今又来。

这首诗的诗前还有一篇小序。其文云："余贞元二十一年为屯田员外郎时，此观未有花。是岁出牧连州（今广东省连县），寻贬朗州司马。居十年，召至京师。人人皆言，有道士手植仙桃满观，如红霞，遂有前篇，以志一时之事。旋又出牧。今十有四年，复为主客郎中，重游玄都观，荡然无复一树，惟兔葵、燕麦动摇于春风耳。因再题二十八字，以俟后游。时大和二年三月。"

可能是刘禹锡怕有的人看不懂这后续诗的意思，特地清清楚楚地交代了写这首诗的前因后果，可谓"嚣张"至极。在他离开的这十四年中，皇帝由宪宗、穆宗、敬宗而文宗，换了四个，新贵前人也是轮了一茬又一茬，不变的，就是无止无休的政治斗争。

当初把他整倒的那一批权贵，可能早就不在了，就如观里的桃花"荡然无复一树"，自己虽然屡遭挫折，但还是开开心心地回来了。当初不就是一首桃花诗把我贬了十四年，我现在还是要说"桃花"，不服来战啊！

公元 828 年，五十六岁的刘禹锡正式结束了被贬谪的生涯，被封为主客郎中，充集贤殿学士。一连四年，都担任这个闲职。本来，宰相裴度想推荐他做知制诰，就是起草皇帝诰命的官职，但未能成功。有人猜测，和他那首桃花诗的续集不无关系。但此时的刘禹锡，已经不太在意这些翻云覆雨的纷扰了。

十一 至死不渝的坚持

一直到生命中的最后几年，刘禹锡都没能达成最后的心愿，那就是在朝堂上充分发挥自己的政治才干。他曾请命到苏州等地方做刺史，一直到六十六岁，过了法定退休年龄，才回到长安，到最后，也只是做了个太子宾客的闲职。

而这段时间，最大的安慰，或许就是与白居易等好友之间的唱和往来了。说来也有趣，刘禹锡和白居易的性格不太相似。像白居易，也波折了一生，临到老年，对自己悠然富足的生活十分满意。但刘禹锡不同，前者是老来知足，他是老当益壮。总觉得自己壮志未酬，"莫道桑榆晚，为霞尚满天"。

但不管怎样，他也不得不悲哀地承认这一点，大唐的现状就犹如步入老年的他，甚至还不如老年的他。在刘禹锡的内心里，依然激荡着往日的雄心壮志，而这个朝廷，已然是日暮西山，过一天算一天了。

公元 842 年，七十一岁的刘禹锡进入了生命的最后阶段。那一年，他抱病写了《子刘子自传》。这是一篇很特殊的自传，全文不过九百字，中间却用了三百多字，详细地介绍了王叔文这个人。

王叔文是他年轻时的挚友，也是"永贞革新"的核心人物。在革新失败之后，众多官员被流放，王叔文命运更惨，直接被赐死。就这样一个被朝廷定为"逆臣"的罪人，却始终被刘禹锡所怀念称颂。事实上，这也是刘禹锡与大唐王朝始终不能握手言和的原因。他从不认为自己的革新主张是错误的，这是他一生的坚持。

在自传的最后，他为自己写下铭文：

> 人或加讪，心无疵兮。寝于北牖，尽所期兮。葬近大墓，如生时兮。魂无不之，庸讵知兮！

这一生，自己或许是失败的，因为始终未能达成最终的心愿。但他又是成功的，因为从未构于暗室，从生至死，他对自己的品行问心无愧。

这年秋天，刘禹锡与世长辞。白居易悲痛欲绝，写了《哭刘尚书梦得二首》，其中一首是：

> 四海齐名白与刘，百年交分两绸缪。
> 同贫同病退闲日，一死一生临老头。

杯酒英雄君与操，文章微婉我知丘。

贤豪虽殁精灵在，应共微之地下游。

一代诗豪，魂归混沌，在那个对于人才、对待热情极为不公的年代，他是否有遗憾？这一切的疑问，也只能随风而逝了。

白居易

情到深处深几许 »»»

每个人都希望自己的这一生可以活得长长久久。但是，当他真正走到古稀之年，身边的好友甚至仇人都已经一个个故去，那份怅惘与落寞，可能也是销魂蚀骨的吧？

在送走了自己的一个个孩子，还有好友元稹、韩愈、刘禹锡、甚至元稹的女儿女婿之后，公元846年的一个寂静的黄昏，白居易忽然觉得非常孤单。他摸出以前自己曾经写过的诗篇，那是多年前送给元稹的祭诗：

> 夜来携手梦同游，晨起盈巾泪莫收。
> 漳浦老身三度病，咸阳宿草八回秋。
> 君埋泉下泥销骨，我寄人间雪满头。
> 阿卫韩郎相次去，夜台茫昧得知不。

白居易一字一句地读着当年的诗作，忽然有泪涌上心头，距离这位好友的逝去，已经过去十五年。在这么多年里，自己也经历了风疾、眼疾一身的病，却始终残喘于世间。待到自己白发苍苍魂归地府的时候，昔日英姿勃发的好友，还能认得自己的姿容么？

他叹息着，流着泪，颤抖地放下了手中的诗篇，夜色悄悄浸入书斋，就如同死亡的阴影。那一刻，白居易有一点警醒，却也不无释然，终于，终于等到了这一天……

一 天才亦勤苦的少年时光

唐代宗大历七年（772）正月，白居易出生于河南新郑的一个"世敦儒业"的中小官僚家庭。他出生之后不久，因为藩镇割据，家乡发生了战争。于是，家人辗转来到了江苏宿州符离安居。也是在那里，白居易度过了童年时光。

追溯一个天才的历史，人们往往会从他的童年开始。白居易的家庭在现代人的眼里有点不可思议。他的父母，据后来的许多学者考证，居然是血缘关系非常近的舅舅和甥女。

这一点，还是从白居易为自己的外祖母写的祭文中发现了端倪。但是，所谓遗传学中担忧的近亲生育恶果，并没有在白居易身上有任何体现。

"及五六岁，便学为诗。九岁谙识声韵。十五六，始知有进士，苦节读书"。少年时的白居易聪颖过人，十八岁时，白居易曾到当时唐朝的都城长安游历，并拜访了当时的名流顾况。彼时，白居易还是籍籍无名的"小白"，当顾况听到他的名字"白居易"时，不禁调侃："长安百物皆贵，居大不易。"及览诗卷，至"离离原上草，一岁一枯荣。野火烧不尽，春风吹又生"，不仅大为惊叹，击节赞赏之余，乃叹曰："有句如此，居天下亦不难。老夫前言戏之耳。"

然而，就是这样一位天才少年，也丝毫不敢就此放松，卖弄文采。据他在后来一篇写给挚友元稹的《与元九书》中曾说道：

二十已来，昼课赋，夜课书，间又课诗，不遑寝息矣。以至于口舌成疮，手肘成胝。既壮而肤革不丰盈，未老而齿发早衰白；瞥瞥然如飞蝇垂珠在眸子中者，动以万数，盖以苦学力文之所致，又自悲。

天才，还有勤奋。少年时期的白居易，走了一条很中规中矩的成长之路。对于古时的学子，最符合设定的人生是科考。白居易的科考之路虽然要比同龄的刘禹锡曲折些，不像小刘同学二十二岁就进士及第，鹏程万里，他在二十八岁时参加乡试，很快获得考官赏识，并顺利地在第二年参加了京城"国考"，以第四名的成绩考中进士。

唐时考中进士只是取得做官的资格，并不是马上授予官职。要取得官职，还需要经过吏部考试，叫作"选试"。又是一番苦读之后，白居易参加了吏考。这一年，他不仅收获了功名，更遇到了一位终身挚友——元稹。

元稹比白居易小七岁。即使如此，两人依旧一见如故。因为熟了，小弟不免开始操心大哥的终身大事：您这年龄都三张了，怎么还孑了一身呢？白居易愣怔之余，不免打个哈哈：学业未成，何以为家？元稹不仅撇嘴：要说考试，咱们俩就算幸运的，基本是一闯就是一关，有多少读书人到现在连秀才还没得中呢。如果都像兄长这样以学业为重，恐怕熬到白头也没有尽头了。

白居易说不出话来。事实上，从古至今，但凡在该琢磨婚姻大事的时候，采取消极抵抗战术，基本原因只有一个，就是意中人无法和自己结合。

二 爱而不得的初恋

白居易也是如此。本来，他应该和别的读书人一样，得到功名之后，再娶一位门当户对的妻子。但他的人生却在十七岁那一年，走了一个小岔路。那一年，他曾遇到了一个叫湘灵的邻家女孩。

单单听这个名字，就不由得让人心生欢喜。从古至今，江浙的美女又何其多！岁月悠悠，红颜弹指成皓首，唯有她的美丽，在白居易的诗歌里，一直被记得，也一直被传诵至今："娉婷十五胜天仙，白日嫦娥旱地莲。"

这是白居易的那首《邻女》，据很多后来者考证，此诗就是送给他的这位叫湘灵的芳邻。而他们之间的亲密无间，也不由得让人想起李白的那首《长干行》："妾发初覆额，折花门前剧。郎骑竹马来，绕床弄青梅。同居长干里，两小无嫌猜。"

但让人忧伤的是，湘灵并没有等到为君妇的那一天，因为少年时这一段苦涩的恋情，她终身都没有再嫁人。

两情相悦，却不能终成佳偶，是白居易少年乃至中年最深的遗憾，而这只因为两家的门第之别。当时的白家为官宦之家，而湘灵只是一介村女，两人的婚事遭到了白母的激烈反对。白居易无法抗拒母命，只能以拒绝娶亲作为无声的反抗，这一拖就是十多年。

在这一次吏试成功之后，白居易再一次向母亲请求迎娶湘灵，依然遭到拒绝。而且，就在不久全家即将迁往长安的时候，白居易都没有机会向湘灵做最后的告别。

白居易这一生中，情诗写得最为动人，或许正是因为，与其他人相比，他有过一段爱而不得的情感。

妾住洛桥北，君住洛桥南。十五即相识，今年二十三。有如女萝草，生在松之侧。蔓短枝苦高，萦回上不得。人言人有愿，愿至天必成。愿作远方兽，步步比肩行。愿作深山木，枝枝连理生。

这首《长相思》是白居易早期的一首情诗。但其中的诗句"愿作远方兽，步步比肩行。愿作深山木，枝枝连理生"与后期被广为传唱的那首《长恨歌》非常相似："在天愿为比翼鸟，在地愿为连理枝。"

诗人的悲痛可以用诗歌来倾诉。而对于这个故事的另外一个主人公——湘灵，她的悲伤和无望则只能深藏在茫茫的岁月里。白居易的诗中有"夜半衾裯冷，孤眠懒未能"的句子，有后人推测，两情相悦之时，这两个年轻人可能偷食禁果，有了肌肤之亲。到最后，湘灵没能够嫁入白家，也只能选择孤独终老。而这个推测，在白居易后来的一首诗《井底引银瓶》里，似乎对湘灵的命运也有了隐隐的暗示："为君一日恩，误妾百年身。寄言痴小人家女，慎勿将身轻许人。"

以当时的世俗眼光来看，白居易的母亲不允许他和湘灵结婚，也是从他未来的仕途考虑。在她眼里，自己的儿子必定前程似锦，而这夫人的位置怎么可能被村妇取代？就算是白居易的好友元稹，恐怕也会半开玩笑半认真地劝解：兄弟何必为一凡俗女子如此劳心？或许，他还会把自己当年的艳遇说出来开解好友。想当年，他也在书生之时，成功撩到自己的表妹，一旦考取功名，马上喜新厌旧。多年之后，还写成小说《莺莺传》以作回忆。自己都能如此放得开，兄长为何如此挂心呢？

相比之下，年轻时的白居易对感情还是相当执着，他从不认为自己与湘灵的感情有何不妥。多年以来，他都以拒不受婚作为对母亲的抗议。而对湘灵的怀念，也都留在了一首首的诗中。

> 欲忘忘未得，欲去去无由。
> 两腋不生翅，二毛空满头。
> 坐看新落叶，行上最高楼。
> 暝色无边际，茫茫尽眼愁。

看到这首诗，忽然想起《红楼梦》中黛玉的《葬花吟》有一句与其中有些相似：愿奴肋下生双翼，随花飞落天尽头，天尽头，何处有香丘？

一样的愁绪满怀，因为一样都怀着爱而不得的忧伤。

三 第一次做基层干部

公元 805 年，白居易的第一份公职校书郎任期已满，他得开始为下一份工作继续参加考试，这是一场更高级的考试——制考。制科考试最主要的项目是试策，所谓"策"，就是回答皇帝的"问"。皇帝所问的当然都是当前的时政问题，借以发现考生处理问题的才干。

那一年，他都和元稹一起住在华阳观里，"闭户累月，揣摩当代之事，构成策目七十五篇"。后来，白居易把这些文章编成四卷，这就是有名的《策林》，这套书对当时的政治、经济、军事、外交、刑法、吏治、风俗等各个方面，都阐述了自己的观点，堪称当时国考的经典教材。

学霸就是不一样。在普通考生还在拼命死读书的时候，人家都已经自己编撰教材了。而这一段时间，白居易和元稹同吃同住，共同进步，不仅学习大有提高，两人的感情更是与日俱增。

事实上，他们后来可能才知道，就在自己闭门造书的那一年，也是朝廷最乱的时候，刘禹锡、柳宗元等人实行"永贞革新"，不到半年全军覆灭，不仅官员大换血，连龙椅上的皇帝都换了人，未曾入仕的他们，侥幸逃过一劫。

终于，在这一年四月，通过殿试，元稹以第一名的成绩被任命为左拾遗，白居易被任命为周至县尉。没通门路，也不找熟人，白居易的仕进之路，真的全都是靠自己的苦打硬拼换回来的。

这是白居易第一次做基层干部，有着一颗悲悯之心的他，天天为农户的辛苦忧心忡忡，人家是努力耕作都吃不饱，而自己，也没流几滴汗，反而还拿高薪，这让他相当不安。

> 足蒸暑土气，背灼炎天光，力尽不知热，但惜夏日长……
> 今我何功德，曾不事农桑。吏禄三百石，岁晏有余粮。念此私
> 自愧，尽日不能忘。

四 以爱情之名创作《长恨歌》

写《长恨歌》是一个很偶然的机会。公元806年，他与好友王质夫、陈鸿一道，前往马嵬驿附近的仙游寺游览。熟悉安史之乱的人，都对马嵬驿这个地名印象深刻。当年，也就是在这里，唐代历史上最著名的一位丽人，在乱军之中被号称最爱她的男人下令缢死。

此时距离安史之乱已经过去数十年。然而，一提及当年战乱中的惊心动魄，以及唐明皇与杨贵妃的生离死别，依然让人感慨不已。两位好友不约而同地提议，让白居易为此事赋长诗一首。听到这个建议的白居易沉默了。

在中国的历史上，杨贵妃一直是一个惊世骇俗的存在。在历代帝王的后宫群里，从没有一个女人，能像她一样，不仅宠冠六宫，最重要的是，她获得了一个皇帝的爱情。尽管，对于李隆基在最后关头并没有选择保全她的性命，后人对这份情义的分量打了不少折扣。但是，对于一个后妃来说，她生前得到的爱与死后得到的思念，没有一个王宫中的女人能与之媲美。

在她死去之后，这个帝国也随之走向没落。那个年老的统治者，从此失去了原有的生气勃发的精魂，迅速地衰老了。

在爱而不得的悲剧面前，帝王与普通人承受的痛苦没什么两样。

在那一刻，白居易望着悠悠的远山，浮现在他脑海里的，不知道是被传为唐代第一美女、却早已婉转蛾眉马前死的贵妃杨玉环，还是"我有所念人，隔在远远乡"的湘灵……

很快，这篇名荡古今的长篇叙事诗在白居易的笔下被创作出来了：

> 汉皇重色思倾国，御宇多年求不得。杨家有女初长成，养在深闺人未识。天生丽质难自弃，一朝选在君王侧……

一千多年前，当这首《长恨歌》一问世，立即轰动朝野。不仅士大夫争相传颂，连民间歌女也以能诵唱《长恨歌》为荣。白居易给友人的信中曾说："及再来长安，又闻有军使高霞寓者，欲聘倡妓，妓大夸曰：'我诵得白学士《长恨歌》，岂同他哉？'由是增价。"

五 朝廷里最难惹的"耿直哥"

一曲《长恨歌》，白居易或许只是为了借古事抒发内心的积郁。没想到的是，因为这首诗，他受到了来自当时朝廷的注意。

客观来讲，《长恨歌》不仅是一首爱情诗歌，也隐含着作者对时政的不满。但意外的是，当时的唐宪宗并没有因此责怪他，反而把他调到京城，并任他为左拾遗。拾遗虽然是小官，但供奉讽谏，天下发生任何不恰当的事情，都该由拾遗提出来，或是上书，或是廷诤。他有权力不断向这个王朝的最高统治者进言，即使言辞犀利，也不会因为触犯龙鳞惹来杀身之祸。

白居易很适合这个位置。因为，在他当值的这段日子，他很成功地做到了把当时的唐宪宗李纯每每气到发昏。据《新唐书》记载：

后对殿中，（易）论执强鲠，帝未谕，辄进曰："陛下误矣。"帝变色罢，谓李绛曰："是子我自拔擢，乃敢尔我巨堪此，必斥之。"绛曰："陛下启言者路，故群臣敢论得失；若黜之，是箝其口，非所以发扬盛德也。"帝悟，待之如初。

皇上的意思是，是我把你提拔上来的，你说撅我就撅我，一点情面都不留，下回再这样，我一定要好好地训斥你！但很快就被其他官员劝服：别这样别这样！陛下您给了他们这些言官权力，他们才敢大胆进言。您要是不让他说了，就不能显示陛下您的盛德了。

一口口恶气就这样一次次地被皇帝咽下去了。但性情耿直的白居易惹到的不仅仅是皇帝，还有周围被他一次次上书批评的官员。他曾写过的一首《宿紫阁山北村》，就激愤地抨击了当时的不公乱象。

有一次，白居易游紫阁峰回来，晚上投宿在一家农户。晚上主人捧出美酒佳肴，正准备痛饮一番，结果，就听到相当粗暴的敲门声。

举杯未及饮，暴卒来入门。
紫衣挟刀斧，草草十余人。
夺我席上酒，掣我盘中飧。
主人退后立，敛手反如宾。
中庭有奇树，种来三十春。
主人惜不得，持斧断其根。

原来，这些人是皇家的神策军。因为这家农户院子里有一棵奇树，他们看中了，就直接蛮横无理地砍树来了。很不巧，如果当时只有农户自己，这事也就不了了之了。但当时有一位口诛笔伐最厉害，连皇帝都无可奈何的左拾遗在场，这事儿就遮不过去了。

从这篇诗歌的风格来看，简直就是一篇揭露不公现状的新闻稿件，如果放到今日，像白居易这样热情勃发的性格兼之妙笔生花的才华，一定是一个一流的媒体人物，而且还总是勇于冲在第一线。只是，如今新闻的爆炸性传播要借助于互联网的帮助，而白居易靠的全都是个人魅力。

六 新乐府诗词的倡导者

有关写作，当年他在写给元稹的信中，曾提出这样一个建议："文章合为时而著，歌诗合为事而作。"说得浅显些，就是写出的东西要言之有物，不要为了写而写。文辞质朴易懂，切中时弊，使闻者足戒。"为君、为臣、为民、为物、为事而作，不为文而作"，在这方面，白居易认定的偶像是杜甫，比如他的《兵车行》"三吏""三别"等等，简直就是完美的样板文章。写东西就该这么写，这不仅展示一个文人的才华，更体现他忧国忧民的风骨。而这一类文章，被白居易统称为"新乐府诗词"。

一看到兄长如此推崇新乐府诗词，作为小弟的元稹立刻响应，不光是他，还有其他著名诗人，比如李绅、张籍等人也作诗应和。而文章的主旨也都集中在揭露当时的社会矛盾，究竟这些诗作有多大的反响呢？在白居易写给好友的信里，就直言不讳地提到过："凡闻仆《贺雨诗》，众口籍籍，以为非宜矣；闻仆《哭孔戡诗》，众面脉脉，尽不悦矣；闻《秦中吟》，则权豪贵近者，相目而变色矣；闻《登乐游园》寄足下诗，则执政柄者扼腕矣；闻《宿紫阁山北村》诗，则握军要者切齿矣！"由此可见，白居易的诗作，基本上是惹恼了各行各业的豪强权贵。如此一来，他未来会遭遇罢黜的命运，就一点也不奇怪了。

白居易在左拾遗的位子上做了一阵，忽然得到提升，做了太子赞善。不明白的，觉得他是乘了东风；明白人一看便知，不管官员也好，皇帝也罢，实在受不了天天接到他的谏文，索性把他移了个无法随意发言的位置。就在这时，长安城发生了一起蹊跷的刺杀事件。

唐宪宗时期，河北三镇以及淮西一直和中央为敌，当时的宰相武元衡是一个积极的主战派。而他却在凌晨去皇宫见皇帝的路上，被刺客围攻残忍杀死。武元衡的死让当时的很多大臣噤若寒蝉，再也不敢提出兵之事。白居易一听此事，完全忘记自己已经不是谏官、不能随意发言的事实，一大清早，急急奔到朝廷上奏，建言严惩凶手。

接到奏折的唐宪宗非常不爽，他当然心知肚明这一次的刺杀行动目的是什么，但当时的朝廷并没有做好充分的准备去削藩，白居易的这一次进言，就好像在他又羞又恼的内心里直接撒了一包粗粒盐。

皇上不愉快，底下的臣子自然一清二楚。但是，对白居易这次大义凛然的上谏直接驳斥，也不是办法，于是他们就开始罗织别的罪名，最后的结果就是，正直的白大官人，因为这次冲动，被贬到江州做司马。江州，也就是今天的江西九江。

七 有缘太短暂比无缘还惨

白居易带着家眷离开长安那一天，正是一个雨夜，一叶孤舟漂荡在黑黢黢的江水之上。妻子杨氏已经睡下了，只有他一个人站在船头。他的这位贤妻是他三十七岁，马上就要奔四十的时候才娶的，还是一位老友的妹妹。因为自己的不婚，白母急得以死相逼，无奈之下，白居易屈服了。

嫁给一个心里有其他人的丈夫究竟是怎样的感受？千百年来，杨氏的喜怒哀乐都藏在了历史的尘埃里，她不能言，她的丈夫也从来没有为她言过，而是把多年求而不得的思念都寄托给了他少年时的那位湘灵姑娘。

或许这世间真的有"念念不忘，必有回响"的情感。在去江州的路上，他居然遇到了多年未见的湘灵。

这一段情节，是熟读白居易诗歌的人们在《逢旧》这首诗中找到的线索，"我梳白发添新恨，君扫青蛾减旧容。应被傍人怪惆怅，少年离别老相逢"。

命运对白居易真是反复无常。在他"春风得意马蹄疾，一日看尽长安花"的时候，湘灵永远是隔在远远乡的人。而如今，他繁华落尽，一身憔悴的时刻，却正好和少年时的恋人不期而遇。

那一刻的相遇，他们会说些什么，抱头痛哭还是相对无言，后人不得而知。但唯一可以了解到的，就是在这次难得的见面之后，两人并没有再续前缘，就如两颗交汇的星星，一瞬间的相遇，从此又奔向各自茫茫的旅程。很多人都对他们偶遇之后的再度分开很不理解，甚至有人还对白居易冠以"渣男"的称号。

幸好如今已然是千年之后，白居易已经耳根清净地不必听这世间的纷纷纭纭。为何没能在偶遇湘灵之后再续前缘，其实和当时的环境关系很大。有可能，他当时也正是身世飘零，湘灵跟他在一起，也无法得到安全的保障。还有另一个重要的原因，当时，白居易已经娶妻，湘灵如果留在身边，只能是妾室。如果可以为妾，两人也不必等这许多年。

在白居易生活的年代，妻妾的分别是非常严格的。《礼记正义》中明确规定："聘，则为妻。奔，则为妾。"没有明媒正娶，男女结合一律视作非法，唐朝法律非常强调正妻的优越性，"诸奴婢有罪，其主不请官司而杀者，杖一百"。杀一名无辜婢女，至多判一年徒刑了事。而事实上，妾室与婢女的地位分别不大。如果正妻要惩罚妾室，即使作为男主人也是无权干涉的。

当年，白居易无法给湘灵明媒正娶的身份。蹉跎了多年，如今红颜已哀的她，还要顶着妾室的名头嫁入白家吗？这份尴尬，白居易说不出口，湘灵更是做不到。所以，在白居易日后的生活中，歌姬婢妾成群，却没有一个湘灵的立足之地，所以这一见，真的就是以离别为名的再见了。当年，因为母亲的决绝，他无法与湘灵成就姻缘。如今，因为身份之别，佳人在前，也只能含恨而别，兜兜转转，依然无缘。

所有的思念，最后都只能化成一声长叹。就如他的这首《长相思》：

> 汴水流，泗水流，流到瓜洲古渡头。吴山点点愁。
> 思悠悠，恨悠悠，恨到归时方始休。月明人倚楼。

八 遇到琵琶女时的忧愁

其实，被贬谪的日子对白居易来说，也不甚难过。不论是在江州，还是后来的忠州，以及杭州等，就如他在给好友元稹的书信中曾说："今虽谪佐远郡，而官品至第五，月俸四五万，寒有衣，饥有食，给身之外，施及家人。"而白居易也曾在《江州司马厅记》中，描述过自己在江州的工作环境："江州左匡庐，右江湖，土高气清，富有佳境。刺史，守土臣，不可远观游；群吏，执事官，不敢自暇佚；惟司马，绰绰可以从容于山水诗酒间。由是郡南楼、山北楼、水溢亭、百花亭、风篁、石岩、瀑布、庐宫、源潭洞、东西二林寺、泉石松雪，司马尽有之矣。"

由此可见，不同的人面临困境的态度也是不同的。刘禹锡、柳宗元、白居易、韩愈等人都遭遇过被贬谪的命运，郁闷当然是必不可少的，但刘禹锡和白居易不约而同地选择了寄情山水。柳宗元一直在五年之后，熬死了老娘和爱女，才一点点把心结打开，最后还是死于郁闷。

如果他们之间一定要找到区别，那可能就是柳宗元被贬谪的永州环境太差了，相比于江州和朗州更为艰难？不然的话，同为司马，为什么白居易就能把自己的日子过得还蛮舒心畅意呢？

当时，也可以认为，这所谓的舒心畅意也只是表象，真正能体现诗人内心感受的还是他的作品，比如他在那段时间创作的《琵琶行》。

那是一个深秋时节，那一晚的浔阳江上，水波粼粼，一弯新月挂在枝头。彼时，白居易刚刚到江州两个年头，正是内心最凄惶的时刻。有朋自远方来，执手相握，说不尽的知心话，可惜匆匆又要离别。江上一叶扁舟，岸上一骑孤马，好友相对无语，即使有酒，也醉不成欢。幸好那江上忽然响起的琵琶声，犹如仙乐，拯救了这最艰难的时刻。

> 醉不成欢惨将别，别时茫茫江浸月。
> 忽闻水上琵琶声，主人忘归客不发。

一位过气的京城名姬，一位被贬边地的江州司马。即使在当年的长安，两人也从未有过任何交集，但"同是天涯沦落人"的悲剧命运却使得他们一见如故，你为我写诗，我为你奏曲。

但这首曲子的杀伤力实在太大了。当这位琵琶女"感我此言良久立，却坐促弦弦转急"，这"凄凄不似向前声"的曲调，使得一千多年前浔阳江上的诗人白居易痛痛快快地大哭了一场。普通人的情绪，在抽抽噎噎中就已经得到了完美释放。而他，却由此完成了这首著名的《琵琶行》。一千多年来，有多少人因为这句"同是天涯沦落人，相逢何必曾相识"感慨唏嘘。

九 坎坷过后是油腻的中年

此后六年时间，白居易也辗转了一处又一处的贬谪之地。远在长安的大明宫风云诡谲，很快，唐宪宗也和他早死的老爹一样，莫名暴亡，他的儿子穆宗继位，白居易重新被召回。

这一次仕进之路，白居易走得很顺畅，但朝堂上的党争让他感到无比腻味。官员们在忙着为自己争夺权力，却没有人关注当时已经民不聊生的惨状。而他也明白，自己这心里想什么、嘴上就说什么的性格，朝堂是容不下的。这一次，他主动请求外放到杭州做刺史。到了地方，白居易是撸起袖子加油干。先后修钱塘湖堤，蓄水灌地千顷。又浚城中李泌六井，供民饮用。看来，白刺史不仅善于写诗，在水利工程这块也是不遑多论的。

但不管怎样，在苏杭的日子，也是白居易人生中最为惬意的时光。他只是一个外放的官员，努力做好了本职工作之后，就可以和好友游山玩水，互相唱和，当真是风雅至极。自古江南多美女，白居易的两位宠妾樊素和小蛮，或许也正是在这里收纳到府中的。

如果没有那一次的符离之行，这种云上一样的日子还会让五十多岁的老白乐上很久。也许是偶然，也许是必然，在五十三岁那一年，鬼使神差一样，他又绕道来到了少年时曾遇到湘灵的地方。只可惜，一切早已物是人非。

在那个傍晚，有个孤独的老人在一所破旧的民居前伫立了很久。晚风吹得泥墙上的残草簌簌地响，偶尔有来往的乡民看到他，都在窃窃私语，这位异乡人看上去是位贵人，为什么眼中充满凄楚的神色？

良久，白居易才跟随仆从慢慢地原路返回。他走得很慢，偶尔还会回头。虽然他知道，他再也遇不到记忆中的那个人，但是，他更明白，这也是他生命中最后一次回到这里。

花非花，雾非雾，夜半来，天明去。
来如春梦几多时？去似朝云无觅处。

就如同少年时再也无法相遇的恋人，也如同一去不复返的往事时光。

时光是多么温柔，它能抚平人内心所有的伤痛。但时光又是多么残忍，它会在你以为已经被岁月温柔相待的时候，再夺去你最珍视的东西。

十 接二连三，失去人生"挚爱"

公元 831 年，已经花甲之年的白居易接连遭遇人生中最大的噩耗。先是他最喜欢的小儿子夭折，紧接着，他一生引为首位知己的元稹，也因为患病去世，时年才五十三岁。

自从得到噩耗，这位六十岁的老人，几乎整日都在哭泣，就如同他写给元稹的诗：

> 八月凉风吹白幕，寝门廊下哭微之。
> 妻孥朋友来相吊，唯道皇天无所知。
> 文章卓荦生无敌，风骨英灵殁有神。
> 哭送咸阳北原上，可能随例作灰尘。

一首诗里两个"哭"字，看得读者也不禁为之恻然。但最让人心痛的还是这一首《梦微之》：

> 夜来携手梦同游，晨起盈巾泪莫收。
> 漳浦老身三度病，咸阳宿草八回秋。
> 君埋泉下泥销骨，我寄人间雪满头。
> 阿卫韩郎相次去，夜台茫昧得知不。

这时的眼泪已经不再是之前的号啕大哭，而是日思夜想的暗暗垂泪，生死相隔的是彼此的携手，但隔不断悠悠的思念。

大唐的许多诗人，都有一个彼此心意相通、感情甚至好过情侣的友人，而白居易与元稹绝对是其中一对。即使在两年之后，一次偶然的机会，当他听到有歌者在唱元稹生前的诗句，依然忍不住心伤："时向歌中闻一句，未容倾耳已伤心。"

十一 老来也有伴的悠然时光

往后的日子，白居易又得到一老友在旁，那便是号称"耿直兄"的刘禹锡。说来也有意思，如果把白居易和元稹形容成原配，那么他和刘禹锡的关系特别像"续弦"。如果在年轻时，他们可能不会像现在这样彼此忍让。但相遇的时候比较好，岁数大了，也都是宦海沉浮了好几十年，老来寂寞，又才高性清，·别的人也看不上眼，他俩也就自然而然地成了"一对"。

两人经常相约在一起喝酒。或许酒酣耳热时，白居易思的想的，都是故去的元稹，而刘禹锡感慨的，也只是英年早逝的柳宗元，但这也不妨碍他们絮絮叨叨，说说往事，再对现状吐吐槽。白居易喜欢没事吃些丹丸补养身体，刘禹锡是百般看不上，只说喝酒才是养生秘诀。但不管怎样，同样注重养生的刘禹锡还是死在了白居易前头。

而这一点也不奇怪，因为在刘禹锡的心里，他一辈子到死，都不能把"永贞革新"时受到的冤屈完全冰释。当年一起遭贬的二王八司马大部分人都魂归地府，只有他坚持活到了古稀之年，已经算得上奇迹。而白居易则不同，在他这一生里，不觉得这世间对他有太多的为难。即使有，后来的岁月也已经补偿得差不多了。就如他自己在诗中的那份心满意足：

少时犹不忧生计，老后谁能惜酒钱？

共把十千沽一斗，相看七十欠三年。

闲征雅令穷经史，醉听清吟胜管弦。

更待菊黄家酝熟，共君一醉一陶然。

老年就是这样不好，虽然不愁生计，但肉体不再给你年轻时的便宜。在送走了一个个老友甚至仇人之后，白居易也不断地受到病痛的折磨。在一次突发风疾之后，他忍痛送走了自己最喜欢的爱妾樊素和小蛮。

这就是白居易与众不同的地方。虽然如同这世间凡人一样，他喜欢锦衣玉食，美酒佳肴，更兼之美人在侧。据说，白居易晚年时的姬妾数目众多，而且是几年便一换。但不管怎样，他还是一位很有人情味的诗人。他懂得爱不是自私地占有，而是适时地放手。虽然在离开樊素时，他心里万般不舍，连刘禹锡都曾揶揄他，这位美人不知"随风好去落谁家"。但他也只能苦笑回应："柳老春深日又斜，任他飞向别人家。"

公元 846 年，七十五岁的白居易卒于洛阳家中。

他可能绝对想不到，自己的死比生要荣耀许多，当时的皇帝甚至亲手为他写悼诗：

童子解吟长恨曲，胡儿能唱琵琶篇。

文章已满行人耳，一度思卿一怆然。

更让他想不到的是，他的诗歌甚至漂洋过海，成为日本文坛的最爱。当时的日本天皇，还有女作家紫式部都是他狂热的粉丝。

而这一切荣耀或谤毁又能如何？生前白居易都不会为之挂怀，更遑论死后了。只是沉迷其中的后来人，总是有牵扯不断的忧伤与怀想：又送诗人去，萋萋满别情。

柳宗元

彩云易散琉璃碎 »»»

孤舟蓑笠翁，独钓寒江雪

　　元和九年（814），在湖南衡阳的一条古道之上，有两位风尘仆仆的中年人长久地伫立在车边。良久，其中一人黯然开口："柳兄，你我分别在即，无谓再作小儿女态，就此……别过吧！"被称为柳兄的人也叹道："分别二十年，一朝相见，转眼又各奔东西，不知道下一次见面……哎，不谈这个！只望刘兄前路畅意。"说完，他从袖中掏出一张纸："这是我路上写好的一首诗赠予刘兄，只望，只望我们还有相见之时吧！"说完这句话，他的声音几乎都哽住了，只得转身匆匆回到车上，招呼车夫离开。

　　车下的人，望着老旧的马车缓缓离开，卷起的风沙几乎遮住了眼前的视线。他展开纸张，轻声读起上面的文字："二十年来万事同，今朝歧路忽西东。皇恩若许归田去，晚岁当为邻舍翁。"

　　他猛地抬起头，却看到马车已经渐行渐远，难掩的苦涩与心酸一起涌上心头，让这位历尽沧桑的坚强男人也禁不住满眼含泪。那一刻，他感受到的，不只是伤感，更有此别再难相见的不祥预感。

　　那一年，柳宗元与刘禹锡在离京 20 载之后，奉诏回到长安，没料到竟然再次遭贬，分别担任广西柳州刺史和广东连州刺史，一同出京赴任。

就如柳宗元在诗中流露出的伤感与无奈，那次分别，真的就成了他们的永诀。

一 少年得名、青年得志的柳家子

公元 773 年，柳宗元出生在山西运城。同他一生的挚友刘禹锡一样，柳宗元的出身也很高。在当时的唐代，陇西、赵郡的李姓，清河、博陵的崔姓，范阳卢姓，荥阳郑姓和太原王姓是七大望族，此外还有河东"柳、薛、裴三著"等大族仅次之。

柳宗元的祖上都是南北朝时重臣，柳宗元已是官八代了。尽管到他祖父时，家道已经中落，但书香门第这个底子太厚了，柳宗元在少年时便名声在外。就如刘禹锡后来为他写墓志铭时所说："子厚始以童子，有奇名于贞元初。"这并不是老朋友对他的吹捧，而是确有其事。

在柳宗元十二三岁时，因父亲柳镇被调到湖北、广西一带做官，他随父同行。这三四年里，他除了饱学诗书，更是到各处游览，开阔了眼界，还结识了不少有名的人物。

柳宗元所处的年代正是唐代藩镇割据最严重的时候，他十三岁那一年，一个发动叛乱的军阀李怀光被朝廷讨平。当时，一位姓崔的御史中丞请柳宗元代写一篇向皇帝祝贺的奏表，柳宗元欣然接受，很快便写出了《为崔中丞贺平李怀光表》。这篇文章，是现在流传下来的柳宗元最早的著作，才十三岁的年纪，就有如此缜密老练的文笔，这也使得他的名气一下子传扬开来。

少年得名，更兼有青年得志。22 岁那年，他考中进士，也第一次认识了同榜得名的刘禹锡。两个出身名门的年轻人，一样的风华正茂，意气风发，惺惺相惜是很自然的事情。只是两人当时都没有想到，这段情感对他们一辈子来说，是那样的难得珍贵。

金榜题名之后，便是美好的洞房花烛。柳宗元的妻子是同样出自名门的弘农杨氏女。两家的关系原本非常亲密，所以对于这位儿媳妇，柳宗元的母亲是很满意的："吾自得新妇，得一孝女。"

有这么善解人意的老婆婆，还有年轻有为的郎君，杨氏女的运气也是好得没话说。只可惜这样的好光景仅仅过了三年，她就因为怀孕难产不幸去世了。

杨氏女的去世对于柳宗元来说，是人生中的第一场打击。从那之后，他并没有再像这样明媒正娶过他人，并非不愿，而是再也没有机会了。只是在当时，他并不知道，杨氏女的去世，就已经掀开了他悲剧命运的第一页。

二 仅有热血的政治生涯是危险的

贞元二十一年（805），唐顺宗即位。这应该是唐代历史中命最不好的一届帝王了。当太子当了 26 年，结果，做皇帝 8 个月就被迫退位。很可惜，他还让柳宗元给遇上了，最要命的是，他还把全部的赌注都押在了皇帝的身上。

唐顺宗做太子的时候，身边围绕了不少"能人"，比如善下围棋的王叔文。不管王叔文是否真有才华，他口才一定是相当了得的，不然也不会说服刘禹锡、柳宗元等一干才子加入他们的"革新"计划。

唐顺宗继位时颇吃了些苦头。在他老爹唐德宗就快驾崩的时候，一众宦官还极力想把他这个太子给"pass"掉，直接换成他人。好在关键时刻，唐德宗没松口，再加上有正直大臣的坚持，才使得他异常艰难地坐上了龙椅，这也使得他恨透了当时给他使绊子的宫内宦官。

中晚期的大唐，一直在藩镇割据和宦官专权的矛盾中摇摇晃晃，这种局面一直到最后也没能彻底改变。也不知是唐顺宗让宦官气糊涂了，还是性格里有天真的成分，他居然想通过革新的方式，从宦官手中夺回权力。于是，由革新派领袖王叔文执政，开始实行一系列改革措施。

平心而论，在这次为期100多天的改革里，确实有一些对百姓有益的举措，比如取消了"宫市"。就是宫中宦官以皇宫采办为名，在街市上公开抢掠。白居易的那首《卖炭翁》，说的就是这段黑历史。

但永贞革新的核心内容在于抑制藩镇割据，顺带打击官宦专权。由此就看出了士大夫阶层战斗力的不成熟：没有军队，没有兵权，还想解决国家多年来的积症，这又怎么可能！结果，毫无疑问的，这次革新很快遭到了宦官的反扑，这一次，他们居然联合了之前一直作为对手的藩镇将领。结果，参与革新的所有官员都被一一流放。唐顺宗也被迫退位，当了太上皇的他，也走到了生命的终点，在深宫之内暴毙，死因不明。

很多历史学家都在猜测这位短命皇帝的死因。一个最为可怕的猜测，认为始作俑者就是他的儿子唐宪宗李纯。如果真是这样，那么，因为永贞革新而受牵连的官员们，其实也没什么好抱怨的了，无亲无故的你们，搭上的不过是一辈子的前途，而和他有正牌父子关系的老爹，都因此丢了性命呢！

即使如此，相信当年遭遇这等横祸的士大夫们，没有一个不是心怀怨念地离开京城的。恩宠贬谪就是一夕之间的事情，这也不能不让人惆怅命运的翻云覆雨。

三 独钓寒江雪的哀绝

柳宗元被贬的第一站是湖南的永州。永州地处湖南和广东、广西交界的地方，一千多年前，这里不仅荒僻，更是人烟稀少。和柳宗元同去永州的，有他67岁的老母亲，还有两位亲戚家的弟弟。

柳宗元这一生最大的幸运，在于他有一位非常明事理的老母亲卢氏，她虽然年近古稀还陪着儿子被流放到边远之地，但她从没有流露过一丝埋怨。不管是面临"人多疾殃，炎暑熇蒸，其下卑湿"的恶劣环境，还是连住处都没有的窘状，老太太对儿子也是多有劝慰："明者不悼往事，吾未尝有戚戚也。"不仅如此，她还很温存细致地照顾儿子的生活。如果母亲一直都在，他的心境或许不会那么糟糕，但很遗憾，仅仅半年之后，老太太就因为水土不服，染病后"诊视无所问，药石无所求"而撒手人寰，这让柳宗元悲痛欲绝。在长安的时候，他还凭着自己的恩宠为母亲求得了一个"河东县老太君"的诰命。可转眼间物是人非，自己不仅没能为母亲颐养天年，反而害得她过早离世。这一份痛悔的心情，都流露在了他写给母亲的祭文里：

> 天乎神乎，其忍是乎！而独生者谁也？为祸为逆，又顽狠而不得死，以至于今。灵车远去而身独止。已矣，已矣！穷天下之声，无以舒其哀矣。尽天下之辞，无以传其酷矣。

不管怎样，卢氏还是为柳宗元保留了一份非常宝贵的财富，那就是亲戚之间的和睦。柳家是一个大家族，亲戚众多，但卢氏对所有人都非常亲切，就如柳宗元在祭文里说的："既事舅姑，周睦姻族，柳氏之孝仁益闻。"这份友爱也换回了其他人的善意。在柳宗元被流放的十多年中，不管环境多么恶劣，他的两位表兄弟始终不离不弃，甚至在他死后，还把他的灵柩从贬谪地护送回了故乡长安。

柳宗元在永州最初的五年，都是住在当地一处寺院——龙兴寺。有人说他境况窘迫，连落脚的房子也没有。有后人分析，这未必就是实情。因为在柳宗元的心里，他始终不相信自己会在这处边远之地长时间驻留，所以，他选择了客居龙兴寺，并一直在翘首企盼来自长安的消息，宣他回京的消息。

只可惜，柳宗元等得脖子都酸了，也没能盼到北来的赦令。反而在唐宪宗登基的那一年，收到了"不在量移之限"的诏令。意思就是，不管朝廷有多么大的喜事，如何大赦天下，这被贬的八位司马都没门。

那一年的冬天，永州下了一场铺盖地的大雪，大雪湮没了一切。当一切都被大雪笼罩的时候，他乡与故乡仿佛并无区别。但越是不去想，孤独与寂寞越是噬咬着他的心。就在那般凄冷的心境之下，他写出了这篇号称传世孤绝的诗作《江雪》。

千山鸟飞绝，万径人踪灭。

孤舟蓑笠翁，独钓寒江雪。

有时，个人的不幸，却是文学史上的幸运。一个生活悠然的人，很难迸发出创作的灵感。能够流传千百年却依旧打动人心的作品，只因为作者也承载了穿越千年的忧伤。

柳宗元被贬谪到永州的时候，还带了一个五六岁的女儿和娘。在长安的时候，柳宗元从来没有公开过她的身份，一朝被贬，才不再顾忌，把她一直带在身边。而在历史上，和娘的母亲是谁，也一直是个谜。后人猜测，柳宗元之所以始终不肯透露和娘的母亲是谁，是因为她身份卑微，配不上他这位世家子弟。

这也是柳宗元性格执拗的一面。一直以来，出身名门是让他引以为傲的地方，也是他痛苦的根源。享受家门的荣光，就必须承担相应的责任。柳宗元一直为自己的遭贬谪，害得柳氏一族受连累而内疚不已。等到了中年，又为自己没留下后代忧心忡忡。为了这个，他甚至不惜写信向友人求助："荒陬中少士人女子，无与为婚，世亦不肯与罪大者亲昵。以是嗣续之重，不绝如缕。"

自己是罪臣，当地是没有适婚的大家族女子肯嫁给他的。如此一来，"不孝有三，无后为大"怎么办？

就是这些与生俱来的责任感和使命感，使得柳宗元这一生都在痛悔、踟蹰和失望中徘徊，到了最后，眼看就要见到人生的曙光的时候，他却不幸一命呜呼，也不是意料之外的事了。

但不管怎样，有和娘在他身边陪伴的日子，也得到了些许的安慰。在柳宗元与好友刘禹锡的唱和诗里，老刘抱怨自己的儿子不喜读书，柳宗元则喜滋滋地说到他的女儿出奇懂事："左家弄玉唯娇女，空觉庭前鸟迹多。"因为没有玩伴，女儿也不哭闹，只是用树枝在地上写字练习书法。

多好的孩子，如果能够长大成人，她也一定会给苦难的父亲带来些许安慰。只可惜，和娘未及成年，十岁就不幸染病身亡。因为一直住在寺院中，小姑娘笃信佛教，在离世前向父亲请求，出家为尼，最后在父亲的眼泪中溘然长逝。

短短的几年时间，柳宗元送走了母亲，女儿，还有另外一位堂弟。他的希望从最开始的火热跳动到渐渐蒙尘，终于陷入无边的黑暗。

四 小石潭记：原来隐藏了那么多的悲哀

事实上，希望是支持人活下去的动力。但当希望终于宣告死亡，也是另一段人生的开始。柳宗元开始渐渐明白：长安，大约是真的回不去了。既然如此，不如就做好长期在这里安家的准备吧。

在永州的日子，他因为闲暇无事，除了苦读诗书，就是在当地各处游山逛水。著名的《永州八记》便出自这段岁月，给我们印象最深的，应该是中学时学到的《小石潭记》。里面的佳句至今忆来仍朗朗上口：

> 从小丘西行百二十步，隔篁竹，闻水声，如鸣佩环，心乐之。伐竹取道，下见小潭，水尤清冽。全石以为底，近岸，卷

石底以出，为坻，为屿，为嵁，为岩。青树翠蔓，蒙络摇缀，参差披拂。

当年摇头晃脑背这段文字的时候，大家还都是不谙世事的青葱少年，对于文中末尾作者的感受，应该毫无知觉：坐潭上，四面竹树环合，寂寥无人，凄神寒骨，悄怆幽邃。

谁能想到，作者在创作这篇文字的时候，那已经幽沉到底的冷涩心意呢？无论景致多么美好，在一瞬喜悦之后，涌上心头的，都是无穷无尽的忧伤。

但不管怎样，到永州的第五年时，他在龙兴寺的对岸买到一块自己心仪已久的地界，并修建了房屋。就是他在《永州八记》里提到的西山小丘：

得西山后八日，寻山口西北道二百步，有得钴鉧潭。西二十五步，当湍而浚者为鱼梁。梁之上有丘焉，生竹树。其石之突怒偃蹇，负土而出，争为奇状者，殆不可数。其嵚然相累而下者，若牛马之饮于溪；其冲然角列而上者，若熊罴之登于山。

就是这样一处景致独特的奇地，售价才四百（柳宗元并没说明是四百两还是四百文钱）。这让柳宗元又惊又喜，也不由得他感慨：如果此州不荒芜，那么，这样独特的景致必然引得富豪名士争相抢购。但天道有因果，或许真的是为了怜惜他这个获罪之人，所以特意让他享用了这处好地方？

不管怎样，有了这样一处美地作为家园，柳宗元总算是有了一个安身立命之处了。在勤快地整修了房子之后，他还不无兴致地赋诗一首：

久为簪组累，幸此南夷谪。

闲依农圃邻，偶似山林客。

晓耕翻露草，夜榜响溪石。

来往不逢人，长歌楚天碧。

那一刻，他的心情是空的。没有了希望，也没有了要惦记的人，无欲亦无求，就如晴空一样清澈。但悲哀的是，这样的清灵之念，也只在一瞬间犹如流星划过，之后又陷入沉沉的黑暗。

五 有所失后的所得

住下来之后，又有大把闲余时间，柳宗元开始钻研学术。他多年来写了部《非国语》》，对典籍《国语》逐条批判。虽然屡遭命运捉弄，但柳宗元有着强大的无神论精神，在文中，他逐条批判了"天人感应""圣人作乐"等传统。紧接着，他又写《天对》以怼屈原曾写过的《天问》，批判天命说；然后又写《天说》怼韩愈；写《答刘禹锡〈天论〉书》以怼刘禹锡。

当然，怼归怼，个人感情还是要处的，这一生中，柳宗元最信任的朋友就是刘禹锡，接着就是韩愈。但不管怎样，只有在酣畅淋漓的文字当中，才能让柳宗元有泄尽心中不平之意的舒畅。

如果让柳宗元有机会回忆这一生，那么，他最痛恨最不愿想起的，或许就是永州。但事实上，他之所以被后世称颂为"唐宋八大家"之一，大部分作品都出自这段苦难的岁月。

首先，因为远离官场，他有大把时间研读诗书古籍。虽然被贬谪时行路匆忙，没来得及带上皇帝赐予的三千卷书籍，但随身携带的这些，也足够他读个十年八年不重样。更重要的是，他的精神因为苦痛，已经得到了相当深刻的历练，这也使得他的作品不仅文辞优美，更注入了穿越千年依旧打动人心的力量。

就如他在永州创作的那首《闻黄鹂》，"一声梦断楚江曲，满眼故园春意生"。和唐代诗人张祜的那首"一声河满子，双泪落君前"异曲同工。都深藏着无尽的哀愁，一个是因"误落千万山"而心忆桑梓，一个是寂寞锁深宫20载的思乡宫人。他们从未谋面，却有着同样穿越千古的情感，那就是冷彻透骨的寂寞，而这只有当事人才真正地明白了解。

六 思乡望断，力竭柳州

元和十年正月，在永州谪守了十年之后，柳宗元终于盼到奉诏回京的消息。只可惜，当他千里迢迢兴奋地赶回京城，连亲友都没来得及寒暄，就又接到了再次被贬谪的诏令。

很多史学家分析，刘禹锡、柳宗元这批被调回京城的"五司马"，都是受了刘禹锡那首"玄都观里桃千树，尽是刘郎去后栽"的连累。但事实上，从这几位被贬谪官员陆续回京，朝廷中就已经有人紧张得睡不着觉了。毕竟他们曾经是十年前叱咤风云的人物，一旦重新站在朝堂之上，原有的平衡关系势必要重新洗牌。不管出自怎样的考虑，很多人的想法在这时也是出奇地一致，那就是继续把他们排挤出原有的圈子。

就这样，柳宗元一行都重新踏上了远行之路。但最让他们气不平的是，这一次做官，给的名义还是平了反，升了职。黄连咽下肚，有苦说不出。

但一直隐忍的柳宗元这次也不想忍了，在写给唐宪宗的《谢除柳州刺史表》里，他就明明白白道出了自己的想法："谨当宣布诏条，竭尽驽蹇，皇风不异于遐迩，圣泽无间于华夷，庶答鸿私，以塞余罪。"

意思就是，别再谈什么平反之类的虚词，我就作好准备好好劳动改造，以减轻我的罪过吧。

公元 814 年，在与刘禹锡依依不舍地告别之后，柳宗元停停走走，走走停停，足足花了三个月时间才走到柳州。

在路上，柳宗元就已经给自己不断打气，但真正走到这里，当地的恶劣条件还是让他倒抽冷气。

柳州属于岭南道，当时是个蛮族杂居的地方，不仅语言难通，而且劫掠贩卖人口之风盛行。他在《寄韦珩》书信中写道："到官数宿贼满野，缚壮杀老啼且号。"不仅如此，官方与当地的关系也是非常紧张："饥行夜坐设方略，笼铜枹鼓手所操。"

但不管怎样，这一次柳宗元的官职是柳州刺史，他手中有了实际的权力。尽管有各种不甘心、怨愤以及吐槽，他还是决定收拾起个人情绪，当一天刺史，就尽一天的职责。在这一点上，他与老朋友刘禹锡以及韩愈，三观是出奇一致。

和刘禹锡一样，柳宗元也很注重当地教育。一切落后不开化，都是因为没文化。但这个说起来容易做起来难，柳宗元的一篇文章中说："越人信祥而易杀，傲化而偭仁。病且忧，则聚巫师，用鸡卜。始则杀小牲；不可，则杀中牲；又不可，则杀大牲，而又不可，则诀亲戚饬死事……"意思就是这里的人迷信巫医鬼神，遇到事都杀牲口祭拜，小的不行就杀中的，中的不行，就杀大的……结果到最后人口减少，田地荒芜，牲畜也没多少了。

虽然在外人看来，这一切习俗让人不可思议，但在当地，已经流传数百年了，柳刺史任重道远啊。

柳宗元的对策就是修孔庙，建学堂，宣传儒家思想，必要时还重修庙宇，以佛教替代当地的原始宗教。

回顾柳宗元在柳州所做过的政绩，不得不承认，他不仅会写诗，还是一个特别讲究实干的地方官员。千年以前，他就已经懂得要努力抓教育搞农耕，甚至废除当地奴隶买卖制度等实实在在的政务了。在亲手种植柳树的时候，他还写了一篇《种柳戏题》："柳州柳刺史，种柳柳江边。谈笑为故事，推移成昔年。垂阴当覆地，耸干会参天。好作思人树，惭无惠化传。"

千年以前，没有照相机，也没有录音机记录下柳刺史亲手植树的场景，但柳宗元不怕，人家自编了一篇新闻稿件，有地点有人物有事件，形象风趣更兼之流传千年。

《种柳戏题》在柳宗元被贬谪之后的生涯中，是难得的一首风趣之作。事实上，在柳宗元生命中的最后几年，病痛和愁思一直在折磨着他。

七　心病无药，他乡成了禁锢的城

柳宗元在《寄韦珩》诗中写道："奇疮钉骨状如箭，鬼手脱命争纤毫。今年噬毒得霍疾，支心搅腹戟与刀。"由此可见，他到百越之地之后，是多么水土不服，先后得了疥疮和霍乱两种疾病。另外，还因为脚上长了肿块，竟然三天不省人事。连柳宗元自己也无奈地感叹："是岂不足为政耶？"

柳宗元的病症在现代医学看来，应属于免疫力低下造成的病毒感染。而在中医看来，也与多年的郁结于心有很大关系。中医认为，百病心生，心情不好，再努力加餐饭也是无济于事。

柳宗元自己也深谙医道，他还曾经给老友刘禹锡寄过一个医治连州疾疫的方子。但是，他医不了自己，因为他始终打不开自己的心结。

事实上，从古至今，但凡有才华的人，都对自己有一份潜意识的期许，他们认为，不只是自己，连这个世间也不该辜负这份天赋。但让人遗憾的现状就是，许多天才的命运大多是"彩云易散琉璃碎"。

在这样一个有月却被乌云深遮的夜晚，他登上柳州城楼，写下了一首《登柳州城楼寄漳汀封连四州》以纪事感怀。

城上高楼接大荒，海天愁思正茫茫。

惊风乱飐芙蓉水，密雨斜侵薜荔墙。

岭树重遮千里目，江流曲似九回肠。

共来百越文身地，犹自音书滞一乡。

看到这首诗，不由得让人想起同样在晚年贫病缠身的杜甫，他也曾支撑着羸弱的身体，在异地他乡的九月初九登高怀远时，写下那首诗："风急天高猿啸哀，渚清沙白鸟飞回。无边落木萧萧下，不尽长江滚滚来。"相隔几十年的两位惊世奇才，在这一刻，没有人比他们更懂得彼此的心意，那就是思乡之愁。

对于现代人来说，可能怎么也无法深刻地了解到古人对于家乡的思念。交通便利的如今，再远的路程也不至于搭上一生的思念。有一年夏天，我曾经和家人到广西旅游，在高铁上，当列车员轻柔的声音报出"柳州"站名的时候，我不禁站起身来向窗外张望，距离西安，那是一个太远的地方。虽然有着美不胜收的风景，却是完全不同于中原的地方。更何况彼时交通闭塞，山高路远，乡愁望断。杜甫晚年时百病缠身，面临战乱流离，也要拼尽所有的力气返乡，最后终究死在回乡的途中。柳宗元的情况更为复杂，不仅离乡千里之遥，还有公务在身，他明白自己的"罪臣"身份，没有诏令，是不得回乡的。

柳宗元曾寄给友人一首诗："越绝孤城千万峰，空斋不语坐高春。印文生绿经旬合，砚匣留尘尽日封……"

这是怎样一首哀绝无望的诗啊。在他看来，自己被锁在一座千万峰围绕的孤城之中，不管是身体之恙，还是精神的疲惫，他已经很久不想说话，连诗文都不愿意再碰了。

传说有很多动物在将死之时，会自己找一个地方悄悄地躲起来。柳宗元似乎也进入了这样一种自我封闭的状态。

八 魂归他处，托孤故友

公元 819 年，刘禹锡 90 岁高龄的老母亲去世，他扶柩从广东连州赶回家乡。当行至湖南衡阳的时候，他蓦然想起，这正是多年前，他与好友柳宗元分别的地方。当时的他，给自己接连写了三首离别的诗，其中有一句如今想起仍让人痛彻心扉："今朝不用临河别，垂泪行行便濯缨。"刚刚念及此处，有仆人来报，说有从柳州的加急书信要交给他。

不知道为什么，刘禹锡忽然觉得自己的心都颤起来了，他眼睁睁地看着一个通身黑衣的人奔过来，扑倒便拜。拿在手里的书信，他很久都不敢打开，终于，当他吃力地读完信上的文字，片刻的寂静之后，这个将近 50 岁的老年人就像孩子一样号啕大哭。

据韩愈《柳州罗池庙碑》中所写，柳宗元"尝与其部将魏忠、谢宁、欧阳翼饮酒驿亭，谓曰：'吾弃于时，而寄于此，与若等好也。明年吾将死，死而为神。后三年，为庙祀我。'"

不管这段话是真是假，但也说明，柳宗元对自己的死是有预感的。元和十四年（819）十月初五，柳宗元终于在顽强地熬过十四年孤寂凄凉的岁月后，耗尽了生命的灯油，带着无限的遗憾，在柳州治所溘然长逝。在生命的最后时刻，他为自己的后事作了详尽安排，首先请自己最好的朋友刘禹锡把他一生的文字作品汇编成册。其二，请他照顾好自己的孩子。

虽然身世坎坷，但柳宗元识人的眼光是一流的。他知道刘禹锡是一个可"明信之人"，即使自己故去，他也一定会竭尽全力完成自己所托。

事实也的确如此，在刘禹锡为好友所写的祭文中，就表达了这份悲痛但坚定的心愿："誓使周六（柳宗元的孩子之一），同于己子。魂兮来思，知我深旨。"

柳宗元一共留下四个子女,两个儿子,一个叫周六,一个叫周七,都是柳宗元的一位妾室所生,他去世的时候,周七还是遗腹子。有史料记载,由刘禹锡抚养成人的周六很是争气,长大成人之后考上了进士,只是他的姐妹与弟弟,就再无下落了。

纵观柳宗元这一生,在他饱受期许、失望与痛悔的折磨中,已经悟出了人生的真谛。年轻时因为急于求成,没有一点从政经验便想一蹴而就,就如《黔之驴》中的蠢驴,被老虎吃掉一点也不冤枉。

不管怎样,只要自己不放弃,苍天就不会辜负他这盖世的才华。在谪居的日子里,他创作的一篇篇作品,深深感动了千百年来的后世之人。当年,他曾经最担心的为柳氏家族蒙羞的恐惧,如今想来真是太不值得了。事实上,即使他官至高位,也绝不会取得比现在更好的成就。

如此之千古名望,如此之悠悠忆念,泉下之柳先生,可安息否?

韩　愈

散文大家第一人 　》》》》

闻道有先后，术业有专攻

当时光走到中晚唐时期，虽然盛唐时期的光辉已经渐渐暗淡，但有才华的诗人却依旧层出不穷。如果说刘禹锡不仅以诗闻名，更是写赋的高手，那么韩愈，则是百年千年的散文大家第一位。

唐宋八大家，取其字面意思，也知道个中的高手有八位，为什么这江湖第一的位子，却让韩愈坐得稳稳当当，直至百年千年之后呢？

原因很简单，有后来的学者这样解释：他拯救了中华的传统文化，如果没有他，到唐时已经流传几百年的儒家文化，可能就已经湮没在历史的尘埃中了。

幸亏有韩愈。他完成了连自己都不知道有多么重要的历史使命。

一 只有更"霉"的青年时光

公元 768 年，韩愈出生于河阳，也就是今天的河南孟县。和其他同行诗人一样，韩愈的父辈，祖上都是读书人，也做过不小的官职。但韩愈从小父母离世，只能由大哥韩会将他抚养成人。在这一点上，他与岑参的命运倒是有点相似。

韩愈的大哥是读书人，也很有政治头脑，年轻的时候，就得到了当时的当权者元载的重用。只可惜命不好，当元载因为独揽朝政，排除异己等恶迹被治罪赐死后，韩会也受到牵连，被贬后死在任上。

由此，十二岁的韩愈只能跟着长嫂过着颠沛流离的生活，古人有"长嫂如母"这句话，但能担当起这个责任的人却寥寥无几。但韩愈的运气还算不错，因为他有一个非常善良的大嫂。不管世道怎么艰难，她都不允许韩愈停止学业。

到了十九岁，韩愈就急不可耐地到长安参加科考，这也是寒门学子摆脱贫困唯一的出路。但很遗憾，在求出身这一块，韩愈和天下的学子一样，都没有占到过什么便宜。一连三次，科考不成功。

人在倒霉的时候是靠山山倒，靠水水干。韩愈到了长安之后，几乎是身无分文。他本想着投靠亲戚帮忙，换得个一日三餐和住宿的地方。可是，他找的那个亲戚正好远走甘肃，后来还因公殉职了。韩愈在悲痛之余，更发愁自己的三餐无继。堂堂一读书公子，就算是再穷，总不能让他沿街乞讨吧？

好在上天在这个时候，总算给他打开了一扇窗户，在韩愈身无分文、衣衫褴褛地踟蹰在长安街头的时候，他遇到了命里的第一位贵人——唐时的名将马燧。其实，当时马燧也正是仕途中最狼狈的时候，他因为轻信和吐蕃的结盟，结果遭遇突袭，损兵折将不说，还使得很多官员被俘。韩愈的亲戚就是在那次结盟"事故"中不幸殉国的。

或许是出于对老部下的内疚吧，马燧收留了韩愈，虽然他本人已经在朝廷失宠，但养活一个读书人还是绰绰有余。在长安的这几年，韩愈很不服气自己经天纬地的才能居然无人赏识，在三次科考不成功之后，再接再厉了第四次。

实践证明，成功虽然就像无常一样捉摸不定，但只要你不放弃，它还会时不时地出来宠幸你一次。这一次，韩愈进士及第。但按照唐时的规定，这只是证明他有了入仕的资格，能不能真正入仕，还得通过吏部考试！

韩愈一直认为，考试对自己来说不算什么，但贫穷却是火烧眉毛的难题。为了早点摆脱贫困状态，他几次给宰相上书，希望得到青眼，但没有任何回音。

最让他灰心的是，他忍饥受寒来到长安，希望的不只是出人头地，更渴望给曾善待过自己的长嫂一个交代，至少能够改变一下她困窘的生活状态。但命运没有给他这个报恩的机会。虽然在以后的日子里，韩愈的官职步步走高，但这一切，他长嫂再也没有机会看到了。

公元793年，韩愈怀着一颗凄凉的心回到老家河阳。人到中年一事无成，欲养亲却亲不在。韩愈所有的心酸都写在了那篇《祭郑夫人文》中了：

　　感伤怀归，陨涕熏心。苟容躁进，不顾其躬。禄仕而还，以为家荣。奔走乞假，东西北南。孰云此来，乃睹灵车。有志弗及，长负殷勤。呜呼哀哉！

二 浑然天成的名师范

命运对于失意的人，总喜欢一磨再磨。在此后的十年里，韩愈不管是努力考试，还是钻营门路，都一事无成。百般无奈之下，只能做了幕僚维持生计。

说来也有些巧，韩愈的运气好像和单数无关，和双数有缘。公元800年，当他第四次参加吏部考试，总算顺利通过，一脚迈进了仕途的大门。

不管对于古人还是今人来说，人生总是有许多沟坎。上学的时候，觉得能毕业就太好了，毕业了觉得能找到工作就是上上签。但只有当你工作的时候，你才会明白，那才是一条布满荆棘的险道。

韩愈入仕后，第一份工作是一个官阶七品的四门博士，主职还是教育。这段时间，他写下了著名的《师说》。

"弟子不必不如师，师不必贤于弟子，闻道有先后，术业有专攻"。其实，这样的教育理念和孔子的师德观不谋而合。在《论语》中，经常出现师生平等研讨学问的场景，有时候，师生之间还相互争论，甚至学生严厉地批评老师，而孔子也能接受学生的批评，这些都说明了孔子平等的师生观。

这种观念即使穿越千年，依然被今人认可。由此可见，韩愈的思想在当年相当前卫和新潮。也正因为此，韩愈的门下迅速聚集了不少求学之人，就好比现在的网红大学教授，总是能特别吸引学生的注意一样。这也为他后来所倡导的古文运动打下了基础。至少在你倡议某种建议的时候，有人可以点赞打 call。不然的话，不管多么高深正确的理论，身边没有追随者，也是一件有点让人尴尬的事情。

三 "无意"间完成文学大任

除了当老师出名之外，韩愈连带着做了一件文艺界的重大革新，那就是复兴古文。

为什么要复兴古文呢？在当时的唐朝，看一篇文章，最流行的文体是四六对仗的骈体文。比如王勃的《滕王阁序》，就是一篇著名的骈体文。骈文的特点就是词句华丽，对仗工整，六朝以来流行一时。

当然，也不是说所有的骈体文不好，但当时的现实是，大多数骈体文形式僵化，内容空虚。而且如果作文章，一定要以四字或六字为限，也极大地禁锢了作者的思维和想象。所以韩愈倡议，诗词歌赋，应该遵循古文的写法，心之所至，笔之所留。说白了就是有话说话，别光顾着拽文。

这次文体改革的口号是"文以载道"，倡导上继三代两汉的质朴自由、以散行单句为主的散文，而与六朝以来流行的"今文"，即词句华丽的骈文相对立。所以，这一倡导也被后人称作"古文运动"。

韩愈的这一主张，和多年以前王勃等初唐四杰提出的改变辞藻华丽、绮错婉媚的"上官体"诗歌颇为相似。只是一个针对散文，另一个是针对诗歌。但不管怎样，他们的宗旨都是一致的，那就是还文字清新质朴的本色。

不管什么方面的革新，肯定会有支持者和反对者。这一次韩愈的倡议，除了有他的学生不断点赞加入之外，还得到了另一位文坛大家柳宗元的支持。

四 三位老友相爱相杀的那些年

说到柳宗元与韩愈的关系，就不得不提到刘禹锡。他们三人是中晚唐时期最具有代表性的文学大家，私下的关系更是相爱相杀，恩怨不断。

韩愈曾经和刘禹锡、柳宗元同时被封为监察御史。虽然官阶不大，却有弹劾官员的权力。三人相处下来，觉得彼此的智商以及文学修养还算搭调，没有扯后腿的，所以相处得很是融洽。但好景不长，很快，韩愈因为如实上奏当时长安地区的旱灾实情，被贬到三千里之外的广东连山。而那时候，他的这两位好哥们却一路顺风，得到王叔文集团的提拔，已经达到人生高峰。

彼此之间的落差本来就让韩愈很心塞，但不久之后的遭遇更是让他心生疑窦：其他被贬谪的人员，在新皇帝登基后都陆续回朝重新录用了，而自己还窝在原地待命不动。韩愈就怀疑，难不成我背后挨了哥们的刀了？这种怀疑的情绪也被他写进了给友人的诗里："同官尽才俊，偏善柳和刘。或虑语言泄，传之落冤仇。二子不宜尔，将疑断还不。"

但不管怎样，当他回来之后，发现两位老友也因为革新失败遭到贬谪，内心大为平衡（作者猜的），不复猜疑，还积极地与刘柳二人书信往来，嘘寒问暖。

总的来说，在三人的关系上，韩愈与柳宗元最为相宜，因为彼此在文学上的看法比较一致。当韩愈因为《师说》的新潮观点备受争议的时候，远在永州的柳宗元就与他文字呼应，在一篇《答韦中立论师道书》中，就直言了对韩愈的赞赏：

> 孟子称"人之患在好为人师"。由魏晋氏以下，人益不事师。今之世不闻有师，有辄哗笑之，以为狂人。独韩愈奋不顾流俗，犯笑侮，收召后学，作《师说》，因抗颜而为师。世果群怪聚骂，指目牵引，而增与为言辞。愈以是得狂名，居长安，炊不暇熟，又挈挈而东，如是者数矣。

能得到好友这番指名道姓的表扬，韩愈的心里肯定是暖乎乎的。而且，在他倡导古文运动之后，柳宗元也发表了一系列的古文散文作为应和，像著名的《捕蛇者说》《小石潭记》等等，一直名垂千古。

五 "成功"惹恼皇帝

韩愈这一生，一直波折不断。但相比他那两位好友，还不算太糟糕。比如第一次贬谪，当他还在遥远的连州伤心落泪的时候，他在长安的那些才俊旧友，正摩拳擦掌，大搞"永贞革新"。结果不用说，一年多后，当韩愈被赦回乡的时候，曾经参与永贞革新的官员死的死，贬的贬。倔强如刘禹锡等，更是把人生最好的年华都付给了荒蛮之地的春花秋月。如此看来，他是"幸运"地与这场劫难擦肩而过。

对于唐朝的官员来说，除非籍籍无名，但凡在史书上留过名号的，就没有人逃脱被贬谪过的遭遇。更有甚者，是一贬再贬。其实，贬谪并不代表仕途的终结，只要别像刘禹锡、柳宗元那样彻底让皇帝讨厌，大赦也不肯让他们占一点便宜的话，未来还是有希望的。

但是，谁也没想到，回京之后不久的韩愈，很快又做了一件彻底激怒了皇帝的大事。

陕西省宝鸡市的法门寺有一座佛塔，塔内藏释迦牟尼指骨一节，称为舍利，每三十年开一次塔，把舍利取出，供信众瞻仰参观。公元819年正值开塔之年，唐宪宗遣宫人迎佛骨于宫内，供养三日。上行下效，因皇帝的这次举动，也在全国引发一场浩大而狂热的礼佛风潮。

当时的韩愈，由于诗文誉满天下，再加上倡导古文运动，维护儒家正统学说，俨然已是文坛领袖，作为一名正统的儒家士子，他对皇帝狂热崇佛的做法很不以为然。于是上表加以谏阻，就是那篇相当有名的《谏迎佛骨表》。

在文中，韩愈力陈了从皇宫到民间因为崇信佛教而做出的种种极端举动："焚顶烧指，百十为群，解衣散钱，自朝至暮，转相仿效，惟恐后时，老少奔波，弃其业次。"他认为，"佛本夷狄之人……不知君臣之义，父子之情"。如今，佛已死，"枯朽之骨，凶秽之余，岂宜令入宫禁"。应该将这骨头"投诸水火，永绝根本，断天下之疑，绝后世之惑"。

其实，惹怒唐宪宗的，还不只是这些。在文中还有这样一段文字，几乎要把皇帝气到吐血：

汉明帝时，始有佛法，明帝在位，才十八年耳。其后乱亡相继，运祚不长。宋、齐、梁、陈、元魏已下，事佛渐谨，年代尤促。惟梁武帝在位四十八年，前后三度舍身施佛，宗庙之祭，不用牲牢，昼日一食，止于菜果，其后竟为侯景所逼，饿死台城，国亦寻灭。事佛求福，乃更得祸。

其实，韩愈的这段文虽然是不提倡供佛，但末尾的这句"事佛求福，乃更得祸"未必是错。因为修佛的本质就是破除心的无明，而不是以供养来向佛菩萨求好处。历代皇帝热心事佛，特别是梁武帝的做法，早就被达摩祖师点评过：并无功德。

但不管怎样，韩愈的嘴巴也是够毒的，特别是"汉明帝时，始有佛法，明帝在位，才十八年耳。其后乱亡相继，运祚不长。宋、齐、梁、陈、元魏已下，事佛渐谨，年代尤促"。这句话太伤人了！信佛没有用，不仅没用，还容易短命！不仅短命，有的死相还很难看。

六 他以为自己熬不过去了

不用说，韩愈的这段话简直就是直接扎中皇帝的命门。可惜的是，后果不是让他老人家幡然醒悟，而是勃然大怒。按照天子的意思，就想直接把韩愈处死，越快越好！但当时的朝内还是有明白人的，大臣裴度、崔群忍住要笑成内伤的痛苦出来说情，说韩愈"内怀至忠"，应该宽恕。

含着一口恶气的唐宪宗最后愤然决定：我不想再看到你了，你走吧，越远越好。最终，韩愈被贬到八千里外的海边小城潮州当刺史。

《太平广记》曾有记载：凡遭贬谪，"自朝受责，驰驿出城，不得归宅"。就是说，遭贬官员从朝堂下来，连家都不能回，就被押送出城向贬地奔行。遭贬家眷也得随行。拖儿带女，扶老携幼，还有差人押领，翻山越岭，一天走三百里以上，其苦之惨，让人不忍直视。

韩愈被强行带走时正是严冬，他的女儿就是在这一次贬谪中不幸染病去世的。这份悲凉，在他的祭女文中，也一字一泪地记述下来了：

> 我视汝颜，心知死隔。汝视我面，悲不能啼。我既南行，家亦随遣。扶汝上舆，走朝至暮。天雪冰寒，伤汝羸肌。撼顿险阻，不得少息。不能饮食，又使渴饥。死于穷山……魂单骨寒，无所依托。

当韩愈走到陕西蓝田的时候，他的侄子韩湘前来送别。患难之中不离不弃，这才是真正的亲人，韩愈一边感动得老泪纵横，一边痛不欲生地写下了那首著名的《左迁至蓝关示侄孙湘》：

> 一封朝奏九重天，夕贬潮州路八千。
> 欲为圣明除弊事，肯将衰朽惜残年。
> 云横秦岭家何在？雪拥蓝关马不前。
> 知汝远来应有意，好收吾骨瘴江边。

在这首诗中，不难看出，韩愈是又恐惧疲累又心灰意冷，他觉得自己可能就要葬身于此地了，所以在诗中也不乏交代后事的意思。

但后来的事实证明，这一关，他又闯过去了。

七 这儿有一座深深爱过他的城市

潮州位于广东、福建交界之处。对于关中地区的唐朝都城而言，根本就是化外之地，当他被贬到潮州时，心中那份惶惑无力感可想而知。如他写给皇上的《潮州刺史谢上表》中说："飓风鳄鱼，患祸不测；州南近界，涨海连天；毒雾瘴氛，日夕发作……居蛮夷之地，与魑魅为群。"

当然，哭也哭过了，怕也怕过了，剩下的，还是得打起精神好好处理公务。说到这一点，很多被贬谪的诗人都以自己的实际行动证明，他们不只是擅长舞文弄墨，在处理地方公务方面，也是相当出色的人才。

韩愈到了潮州不久，就办了不少大快民心的好事，除积弊，兴学堂。这在后来苏轼为他撰写的《潮州韩文公庙碑》文中都有详细的介绍，比如兴办学堂："始潮人未知学，公命进士赵德为之师。自是潮之士，皆笃于文行，延及齐民，至于今，号称易治。"

韩愈在潮州的时间不长。但是，由于他闻名天下的师者之名，不管他到了哪里，都有学生趋之若鹜，这也使得时人眼中的"蛮夷之地"变成了文化名城。

潮州人对韩愈的感情非常深，当地到现在还有很多有关韩愈的传说。更有后人赞叹："不虚南谪八千里，赢得江山都姓韩。"

在潮州，韩愈最有意思的经历，就是认识了当地一位名叫大颠的高僧。因为那篇《谏迎佛骨表》，韩愈不喜佛教的名声在天下都传扬开了，而在遥远偏僻的化外之地，他却与一位僧人成为莫逆之交。这也说明，韩愈对佛教的排斥，并非是对这种理念的排斥，而是不愿意看到佛教的扩张对儒家正统学说产生影响。

8个月之后，或许是皇帝的恶气终于消了，或许是韩愈那篇哀哀切切的《潮州刺史谢上表》打动了皇帝的恻隐之心。在文中，他说："臣少多病，年才五十，发白齿落，理不久长，加以罪犯至重，所处又极远恶，忧惶惭悸，死亡无日。"

韩愈说这话还真是没夸张。他因为早年生活的艰难，不到50岁，头发也白了，牙也掉得差不多了。因为掉牙这事，他还曾经很郁闷地写过一首自嘲诗：

> 羡君齿牙牢且洁，大肉硬饼如刀截。
> 我今呀豁落者多，所存十余皆兀臲。
> 匙抄烂饭稳送之，合口软嚼如牛饲。
> 妻儿恐我生怅望，盘中不饤栗与梨。
> 只今年才四十五，后日悬知渐莽卤。

终于，他被调至袁州，也就是现在的江西宜春。虽然，这里依旧远离京城，但相对于八千里外瘴气弥漫的潮州，韩愈已经觉得是时来运转了。

八 走到哪里都是一名好老师

在一千多年前，朝廷官员但凡有错，一律被皇帝远调到千里之外。彼时，在皇帝的心中，可能是出于怨愤抑或惩罚。但从更长远的角度来看，对于发展当地文化，实在是功不可没。

比如韩愈，他本来就是一个重视教育的人，不管是被扔在潮州，还是袁州，他的首要任务就是发展当地的教育。据说在潮州，他为了办好潮州乡校，"出己俸百千，以为举本，收其赢余，以供学生厨馔"。在袁州，他同样大兴书院，倡导务实文风。刘密在《晚唐宜春千年祭》一文中统计："有唐一朝，袁州进士共 31 人，晚唐即有 24 人，占比 77.4%。"诗人韦庄也曾经写诗赞袁州："家家生计只琴书，一郡清风似鲁儒。"

这样的好老师，哪个地方都想要一打啊！

除了兴办教育，韩愈还努力革除了没良为奴的陋习。《旧唐书·韩愈传》载："袁州之俗，男女隶于人者，逾约则没入出钱之家。"韩愈到袁州后，"检责州界内，得七百三十一人，并是良人男女。准律计佣折直，一时放免"。

唐代奴婢"律比畜产"，打杀奴婢天经地义。好好的良家子，就因为拖欠了债务就要被迫为奴，韩愈认为这种做法十分不妥，"既乖律文，实亏政理"，于是便把当地所查到的 700 多人一律放免。韩老夫子的这一人道主义光芒，使得千年之后的宜春，都一直为他感念不已。

8 个月之后，韩愈终于被调回长安。主要是这个时候的皇帝又换了一茬，之前疯狂崇信佛教的唐宪宗，还真是被韩愈的短命预言不幸命中，他居然在宫里死于宦官之手。新皇帝和韩愈没有旧梗，所以，在接到韩愈数次寄来的《贺皇帝即位表》《贺赦表》《贺册皇太后表》等文之后，皇帝很是感动，把他调回长安。

这次回来之后，韩愈又完成了人生中的另一个壮举，也就是苏轼在那篇碑文里提到的他"勇夺三军帅"的功绩。

唐穆宗时期，藩镇割据的情况没有得到完全改善。成德节度使田弘正手下一名叫王廷凑的军官杀了田弘正，自任代理节度使。朝廷为了息事宁人，只好同意。但王廷凑并不把朝廷放在眼里，又目空一切地抢占了其他城池。

这下朝廷急了，打是打不过，但也不能眼见着他这么嚣张，所以，韩愈就接到一个指令，让他说服王廷凑最好适可而止。

有句俗话叫"秀才遇到兵，有理说不清"。很多人认为，韩愈的这个差事一定会办砸了不说，还很有可能有去无回。但让他们大跌眼镜的是，韩愈硬是以超人的胆略和智慧说服了王廷凑，不仅扳回了叛军的反叛之心，还从王廷凑手里解救出了一个刺史，要回了王廷凑新抢的那个城池。

这就是做过老师的好处，韩愈走南闯北，桃李满天下，什么类型的学生没见过啊？不管你怎么样调皮捣蛋，我就把你当成我的弟子，摆事实讲道理，总有一款说法适合你。

九 他喜欢的人，命都不长

晚年的韩愈，官越做越大，但性子却一直没有改变过。据《唐书》记载，"愈性弘通，与人交，荣悴不易。少时与洛阳人孟郊、东郡人张籍友善。二人名位未振，愈不避寒暑，称荐于公卿间"。

张籍和孟郊都是韩愈的发小。后来张籍终于科考晋级并成功入仕，但孟郊就比较让韩愈操心了。他是眼看着孟郊一次次科考不成功，最后，只做了一个小小的县尉。

孟郊能获得韩愈的青眼，也是因为诗才，但进士出身的他，做这个官让他很不开心，他一直认为当时的世道是"恶诗皆好官，好诗空抱山"。自己顶天立地的高才，却始终不能得到重用。其实也不难理解，孟郊的诗大多是愤懑、忧伤、孤芳自赏，虽然才华横溢，却跳不出自己的小圈子。这样的格局，在当权者看来，很难入其法眼。就如后世的蒲松龄，虽然以《聊斋志异》流传于世，而且，在当时也得到了大臣的举荐，但康熙却并不喜欢他，认为他的文章"鬼气森森"。

但不管怎样，孟郊有一个不离不弃的好友韩愈始终在身后为他鼓劲。特别是韩愈的那首《醉留东野》，简直写出了粉丝对偶像的迷恋：

> 昔年因读李白杜甫诗，长恨二人不相从。吾与东野生并世，如何复蹑二子踪。东野不得官，白首夸龙钟。韩子稍奸黠，自惭青蒿倚长松。低头拜东野，原得终始如駏蛩。东野不回头，有如寸莛撞巨钟。吾愿身为云，东野变为龙。四方上下逐东野，虽有离别无由逢。

如果不是亲眼看到这首歌，真的难以想象，像韩愈这样能把皇帝气倒的人，还能写出如此热烈的诗句。在诗中，韩愈认为孟郊就如长龙，而自己甘愿化身为云，伴其左右。这份缠绵和依恋，热恋中的情人恐怕也自愧不如吧？不是说君子之交要淡如水么？

话说唐代的诗人，不用后世猜想，自己都能给自己找到一个特别合适的 cp 组合。比如杜甫之于李白，白居易之于元稹，刘禹锡之于柳宗元等等。而从这首诗来看，韩愈与孟郊这对组合，还真是实打实的感情深厚。

只可惜，孟郊时运不济，不仅没有得到重用，晚年还眼见了三个儿子一个个死去，他本人最后也死于贫病交迫。这让韩愈悲痛欲绝，直到他又遇到了贾岛。

从作诗风格来看，孟郊和贾岛简直是谜之相似，都是苦寒孤清风格。后人也把他们的诗风称为"郊寒岛瘦"，这也和他俩的生活经历颇有关系。孟郊是一生不得志，而贾岛也没好到哪里去。早年因生活贫寒为僧，终于下决心还俗了，又因为一个莫须有的罪名被踢出科举考场并永不录用。两人还有一个共同特点就是嗜诗如命。为得一个好字，茶饭不思，坐立不安。有传说，贾岛就是在长安街头斟酌"推敲"的时候，遇到了当年做京兆尹的韩愈。于是也有了后来那句著名的"鸟宿池边树，僧敲月下门"。

对于贾岛的才华，韩愈也十分推崇，由此看出，韩愈虽写不出苦吟派的诗歌，但是却相当喜欢。在他眼里，贾岛可以比肩孟郊。两人从诗风上来看，一个南帝一个北丐，技艺相当。就如他在诗中所说："孟郊死葬北邙山，从此风云得暂闲。天恐文章浑断绝，更生贾岛著人间。"

公元 824 年，57 岁的韩愈忽然病重，在弥留之际，家人痛哭不止，反倒还要他来安慰一屋子人：我一个亲属，生前精通医术，吃东西都要参考一下《本草纲目》，结果他才活了 40 岁。你看我，百无禁忌，还活了 57 岁，可以啦！说罢溘然长逝。

韩愈去世后，朝廷追赠他为礼部尚书，谥号为"文"。

李 贺

一腔恨血化为碧 >>>>

多愁多病身，只因有情老

那是一个下过雨的午后，太阳刚刚慢吞吞地爬出乌云，阳光从繁密的树叶中洒落在林中的空地上。四下一片寂静，偶然传来鸟叫声。

一个身着青衣的小童猛然从青石板上惊醒。他刚刚做了一个可怕的梦，梦见自己的小主人不见了。当他睁开眼时，吓得差点心跳停止，小主人可不就是真的不见了！他一下子跳起来，一边急急地走着，一边喊着小主人的名字。

在密林深处，他终于看到一个和他一样小小的身影，正一动不动地端坐在那里。他的心终于放下来：还好，主人没有走远。

他一边走过去，一边嘴里嘟囔着：你又吓我，不是说好咱们一起躲雨，雨停了就回家么？

那个小小的身影转过来，露出一脸狡黠的笑容：谁让你躺在石头上都能睡觉啊！你过来看看，我找到了什么？

小童懵懵懂懂走过去，吓得差点跳起来：我的天啊，这是一座新坟！少爷，你坐在这干吗！小心阴气太重，咱们还是离开这里吧！

小少爷笑得差点打跌：我就知道你会害怕！坟里的人已经死

了，不会哭不会笑，更不能动了，你怕什么？你过来看看，这座新坟里埋着的，还是一位年轻的姑娘呢！哎！

他轻声叹了口气：你看，那坟前的青草上的露水，像不像人幽怨哭泣的眼睛？

一听此言，小童吓得更不敢靠前了，他几乎是带着哭音：少爷，你干吗这么吓我？咱们回去吧，天色晚了，夫人还在等你呢！

小少爷听到这话，只好站起来：你就会用夫人来压我，我们走吧，对了，回去的时候，不准说我又在林子里写诗了，你就说我，嗯，说我们游玩了一下午……

小童松了口气：是，是，我们的驴呢？……一番收拾之后，主仆两人一个骑驴，一个跟着，总算是慢悠悠地踏上了回家的路，在他们的身后，是如同被打翻了红色颜料盒一样美丽的晚霞天空。

一 身未老、心先衰的少年人

那一年，李贺只有七岁。但据史书记载，孩童时的他，就与常人不同。在其他孩子还专注玩乐的时候，他就已经像小大人一样，一头扎进书本，沉迷学习无法自拔。

对于一般人的父母来说，担心的是自己的孩子不学无术，虚掷光阴。但对于李贺的母亲来说恰恰相反，她最发愁的就是总能看到儿子因为吟诗苦学而日渐憔悴。

据李商隐后来所著的《李长吉小传》记载，李贺的长相甚为奇特："长吉细瘦，通眉，长指爪。"寥寥数笔，就在读者心里勾勒出一位传奇诗人的长相。自然，从颜值来看，无论古今，他都算不上出色，但肯定能达到让人过目不忘的效果。

不管世人怎样评判李贺，在母亲眼里，他的儿子是最出色的。她看不出好看与否，她所心疼的，就是他有没有胖些？是不是很结实？在这一点上，李贺着实让她操心不少。每次李贺带着书童外出归来，他母亲必会在他的书囊里找到新作的诗篇，那一刻，她不是欣喜，而是忧怒："是儿要当呕出心乃已尔。"

事实上，对于像李贺这样的天才而言，天分有时不尽然都是赏赐，更是一份痛苦的折磨。就如同毛姆的《月亮与六便士》里所描述的画家高更一样，他原本只是一个普通的证券商，但突然有一天，绘画的灵感在他内心中觉醒，他放弃了原本舒适的生活，孤身一人来到巴黎，不为世人所容，最后来到了一个孤岛上，穷尽一生不停地作画，在得麻风病临死前，还毁掉了大部分的画作。即使如此，余下的少部分画作也足以让世界疯狂。但这对于他本人来说，又有何意义呢？毛姆把这种天赋称作上帝的诅咒。

李贺也是如此，从小他的身体就不如常人那样健康结实。据说，他在十七岁的时候，就写诗自述已经两鬓斑白，"终军未乘传，颜子鬓先老"，但他却不能不把全部身心用于创作。或许，那就是一团火，一股气，一份折磨着他不吐不快的"呕心沥血"。

二 名满天下，命途多舛

但不管怎样，天才就像一颗最耀眼的星星，即使发出的光芒是妖异的，依旧引得世人趋之若鹜，连韩愈这样的大才也慕名而来，一见便引为奇才。

李贺打动韩愈的是那篇名作《雁门太守行》。在他十八岁那年，他拿着这篇作品去拜谒韩愈。据唐朝张固的《幽闲鼓吹》中描述，当时，韩愈已经非常劳累了，送完客人回来就想赶紧上床睡觉休息，谁知道，当门人呈上这篇"黑云压城城欲摧，甲光向日金鳞开"的作品，老夫子马上精光大盛，觉也不睡了，连忙把这位青年奇才热情地邀请进来。

事实上，对于韩愈来说，李贺应该算得上是他最欣赏的那一类诗人，一直以来，韩愈对孟郊贾岛这样的苦吟派诗人都非常推崇。

李贺之于他们两人，虽诗风类似，但他的风格更为奇诡，更重要的是，当韩愈遇到他时，他还那么年轻！尽管不如普通人那样意气风发，才华满腹却不容置疑。彼时的韩愈笃信，这位年轻人一旦走出自己的书舍，会如出鞘的名剑一样光芒四射，震动朝野。

只可惜，这个预言他只猜对了一半。年纪轻轻便声名远播的李贺，在二十一岁那一年赴长安应试，却遭遇了一个非常奇葩的挫折。有人上书主考官，认为李贺不能参加进士考试，因为他的父亲名讳为"晋肃"，和"进士"两字相仿。

古人对于君王或者父母亲的名讳极为尊重，比如《红楼梦》里，林黛玉把自己母亲名讳中"贾敏"的"敏"字就改为"密"。历史上，也曾经有过好几位倒霉的考生，因为考试时不小心写到了当朝皇帝的名讳，干脆被取消了考试资格。但像李贺这样，因为父亲名字的缘故，居然就不能参加进士考试，实在过于牵强。

不知他人如何看待此事，韩愈是满心不服，还特地作文为小友说话："父名晋肃，子不得举进士。若父名仁，子不得为人乎?"

但命运就是这样难以捉摸，李贺这一生也没能有机会进入考场，满腹的才华化成了一声叹息。

李贺遭遇的这场变故可谓是前无古人，后无来者。就好比如今寒窗苦读十几年的莘莘学子，忽然被告知，你没机会参加高考了，别问理由是什么，总之学业这条路你走不通了。这份压抑和怨愤，只要想想，都会升起感同身受的同情。

但同情对于李贺来说是没有用处的。这份怨恨和压抑就像一块石头一样，一直压在他心里，以前的他，不懂愁苦的意味，只是呕心沥血地寻词觅句，现在，所有的悲伤和怨愤都如一腔碧血，洒在了诗篇之上：

> 长安有男儿，二十心已朽。楞伽堆案前，楚辞系肘后。人生有穷拙，日暮聊饮酒。只今道已塞，何必须白首。

我当二十不得意，一心愁谢如枯兰。衣如飞鹑马如狗，临歧击剑生铜吼。旗亭下马解秋衣，请赁宜阳一壶酒。壶中唤天云不开，白昼万里闲凄迷。

在那个时候的诗作里，可以看出李贺只想表达这样的情绪：我不开心，我非常地不开心。我借酒浇愁，人生无望。

有人从李贺的诗作中分析他当时的情绪，认为这个挫折对他这一生都是毁灭性的打击。如果换作常人，此路不通，大不了行走他路。但李贺就不一样了，他是一个把一生都专注于一件事的人。事实上，他的这种性格可能不适合进官场。但不让一个天生的好学生，去参加人生中最重要的考试，他下一步就不知道到底该做什么了。

三 剑在匣中作狂歌

早就有人说过，人生的悲剧恰恰就是文艺创作的温床。古往今来的名家，如果没经历过悲伤的洗礼，很难创作出激荡人心的传世之作。李贺也不例外，但他却是与众不同的，因为在他的作品里，你似乎并不能品味到属于平常人的悲伤或忧郁，感受到的，是让人只打寒战的鬼气森森。

李贺在十八岁时就创作了著名的《雁门太守行》，他一生也未曾到过边关，却也如杨炯一样，能写出仿佛身临其境的边塞诗篇。但即使是这篇豪气冲天的作品，还是有人读出了惨烈的血腥气味："角声满天秋色里，塞上燕脂凝夜紫。"暮色中塞上泥土就如紫色的胭脂，泥土为何会有这般奇异的颜色？自然是因为浸透了沙场战士的鲜血！

十几岁的少年人，就已经神色自若地在自己的作品里描述尸横遍野、血流成河的沙场之惨烈。较之诗家同行，李贺的作品有一股

"邪气"，这固然与他呕心沥血地钻词捉句有关，在他遭遇了人生变故之后，这种奇峭诡谲的诗风愈加强烈。

这一年的冬天，考试无望的李贺从京城回到故乡。据史书记载，李贺出身贵族，远祖是唐高祖李渊的叔父李亮，属于唐宗室的远支。幸而是远支，由此也躲开了武则天执政时的被杀戮。但李家到了李贺父亲李晋肃时，早已世远名微，家道中落。李贺这一生，不仅与官途无望，也始终处于生活窘迫之中。

好在他还有一个始终记挂着他的"伯乐"韩愈，对于李贺的不得志，韩愈比他还抑郁，怎么自己看上的人才个个都推不上去呢？孟郊贾岛如此，好容易有个"石破天惊"的李贺，依然无人赏识。几经努力，他为李贺谋得了一个"奉礼郎"的职务。

奉礼郎这个官职有点像皇家司仪，管理的要不就是宗庙，要不就是在祭祀朝会时，引导君主和臣子的在位拜跪之礼。看起来非常体面，实际则寡淡无味，估计收入还相当低。

但即使是这么一个形如鸡肋的职位，李贺还是借了皇家远亲这个身份的光。理想光芒灿烂，但现实却是如此猥琐干瘪，这不能不让李贺仰天长叹，世道何其不公啊！

很多时候，李贺和一群暮气沉沉的老者，静默无声地坐在一间大堂中。只是端坐着，看着日影从升起再到倾斜，一天又一天就这样过去了。他只能把所有的积郁都倾诉在诗文里："我有辞乡剑，玉锋堪截云。襄阳走马客，意气自生春。"

只可惜，再锐利的剑锋，也被隐藏在乌沉的匣鞘之内。文学的道路走不通，李贺转而开始羡慕"男儿何不带吴钩，收取关山五十州"的从戎之路。和初唐的许多诗人一样，他认为，男儿若要建功立业，一支笔是帮不了什么忙的，"请君暂上凌烟阁，若个书生万户侯"？整个大唐，也没有以文章而封侯的先例。

四 一颗心从热烈到枯死有多远

这个时候读李贺的诗，依然能看出年轻人勃发的精力和奔腾的热血，尽管遭遇过挫折，但他还是信心满满地希望自己能够得到赏识和重用："此马非凡马，房星本是星。向前敲瘦骨，犹自带铜声。"

只可惜希望有多大，失望就有多大。在长安的三年里，尽管李贺也在韩愈的门下结识了不少知己，眼看着这些朋友陆陆续续有的平步青云，有的黯然回乡，反观自己的前途已如黑夜般黯淡无光。常年的贫困，无望的前路，使得李贺本来就孱弱的身体更是百病缠身。

彼时的大唐，就如落日前的天幕，灿烂辉煌的晚霞是这个帝国最后的一丝荣光。繁华的长安依旧一派琉璃奢华的景象，仿佛每个人都并不知晓黑夜马上就要把这个时代吞噬。

也许是一直站在这场繁华之外，也许是因为诗人过于敏感忧郁的内心。那一时期，他所创作的诗作，也如所处的时代一样，表面秾艳绮丽，却掩藏不住让人打冷战的死亡气息：

> 琉璃钟，琥珀浓，小槽酒滴真珠红。烹龙炮凤玉脂泣，罗帏绣幕围香风。吹龙笛，击鼍鼓。皓齿歌，细腰舞。况是青春日将暮，桃花乱落如红雨。劝君终日酩酊醉，酒不到刘伶坟上土。

青春本该是狂笑当歌、恣意挥洒的年代。但李贺却悲哀地发现，属于他的青春，就如大唐摇摇欲坠的晚年，带着无法缓冲的颓唐，向深渊滑落。他来不及抓住这灿烂的光景，只能用似笑更似哭的诗句，记录人生中最后的盛景。

那首《李凭箜篌引》被誉为李贺诗篇中的精品。描写的是一位伶人李凭高超的乐技。他的琴声一起，"昆山玉碎凤凰叫，芙蓉泣露香兰笑……女娲炼石补天处，石破天惊逗秋雨。梦入神山教神妪，老鱼跳波瘦蛟舞"。

以幻想的形象形容天妙绝音，这首《李凭箜篌引》经常被后人拿来与白居易的《琵琶行》作比较。如果说二者有相同之处，那就是作者的写作功底不相上下。但细读之，白居易《琵琶行》中的悲伤，属于人间的悲伤，而《李凭箜篌引》中虽无一个哀字，却透着不属于这个人世的丝丝凉意。就如大提琴家杜普蕾的音乐，被世人惊为天乐，却有人评判：能弹奏这样曲子的人，一定不会长寿。

李贺也是如此，能写出这样诗句的人，透支了太多的惊世才华，那精美绝伦的词语，隐隐预示着诗人逃不过早夭的命运。

长安三年，李贺终于决定放弃这个本就不喜欢的职位，称病辞职，归还故里。

李贺这一走，是无可奈何地走，因为多愁多病的身，兼之看不到希望的前程。在他的那首《金铜仙人辞汉歌》中，就表达了这份难言的伤痛："空将汉月出宫门，忆君清泪如铅水。衰兰送客咸阳道，天若有情天亦老。"

也许，有人不知道李贺的那句"黑云压城城欲摧"，没读过他的那句"吾不识青天高，黄地厚，唯见月寒日暖，来煎人寿"，但几乎无人不知这句"天若有情天亦老"。自然，因为毛泽东很喜欢李贺的诗词，所以借用在他的诗篇里，也使得这句古诗让现代人听来如雷贯耳。但多少年来，许多诗词大家都不得不承认，这一句"天若有情天亦老"，是写尽人间沧桑的第一千古绝句。

回到昌谷故乡的李贺，也度过了一段短暂的愉悦时光。他与妻子的感情很好，就在他远走长安做奉礼郎的日子里，他还以妻子的口吻写了一首柔肠百转的思念诗句："休洗红，洗多红色浅。卿卿骋少年，昨日殷桥见。封侯早归来，莫作弦上箭。"虽然这一次回来得狼狈而沮丧，但异地归乡的心之安然，以及娇妻在旁的燕婉之乐，让李贺的诗作里，虽然依然愤世嫉俗，吐槽自己的怀才不遇，但也罕见地出现了脉脉温情："弹琴看文君，春风吹鬓影。"

五 身份贵重，仍为斗米操劳

从古至今，有勇气赋闲在家，就得承受经济吃紧的压力。不久，李贺就满怀不舍地送别了自己的弟弟。"欲将千里别，持此易斗粟，南云北云空脉断，灵台经络悬春线"，兄弟二人千里之别，不为别的，只为了赚得几斗米来糊口，想来也真是让人心酸。李贺很懊恼自己的无用，"辞家三载今如此，索米王门一事无"。不过，懊恼归懊恼，他很快还得为自己一家老小的生计担忧，就如他在送别友人时写的诗句："我在山上舍，一亩蒿硗田。夜雨叫租吏，春声暗交关。谁解念劳劳？苍突唯南山。"由此可见，李贺辞官之后的主要生活来源还是种田。虽然身份贵重，但李贺这一生也没能摆脱生活的窘困。

除此之外，多病也是李贺这一生的隐痛。从史书中记载他的"细瘦"身形，就看得出他原本体质就不太好，成年之后的郁郁不得志，加上没完没了地钻研写诗，生活作息肯定也不规律。久而久之，竟熬成了一个多愁多病身。常年生病的人，肯定少不了抑郁的情绪。身体不好，心情也好不到哪去。他写给弟弟的诗中也难免吐苦水："病骨独能在，人间底事无！"像我病成这样了，还活着呢，这世间还能有什么不能发生呢？

从古至今，国人最忌谈到"死亡"，但李贺恰恰相反，在他的诗作里，从不忌讳说到死，不仅如此，还在遣词用句上很下功夫。

公元814年的那个冷秋，在一个下雨的夜晚，不知道李贺是否已经感觉到，生的气息正一点点脱离他孱弱的身体。连秋风吹落梧桐树叶子的声音也使他惊心动魄，无限悲苦。家徒四壁的寒舍，只有一盏残灯沉默相随。

> 桐风惊心壮士苦，衰灯络纬啼寒素。
> 谁看青简一编书，不遣花虫粉空蠹？
> 思牵今夜肠应直，雨冷香魂吊书客。
> 秋坟鬼唱鲍家诗，恨血千年土中碧。

自始至终，有志不获骋都是他一生的遗憾。事实上，李贺这样的性格，即使通过了科举考试，也未必能在官场这幕戏里活到第二集，但考场大门都没能进入，成了他内心无法消释的死结。这股怨念有多深？恨血千年土中碧！

清代王琦曾这样解释这句诗："若秋坟之鬼有唱鲍家诗者，我知其恨血入土，必不泯灭，历千年之久而化为碧玉者矣。"秋坟之鬼生前定是不遇之人，一生坎坷，抱恨九泉，他们的恨血化为碧玉。孤灯凄雨、香魂来吊、鬼唱鲍诗、恨血化碧，初读凄凉又绝望，再读不禁背后一身冷汗淋漓。

六 与苏小小引为知己

病体稍微和缓的时候，李贺想着不能继续在家中隐居了，于是，他也曾试着到吴楚之地，一来拜访亲友，二则寻糊口之路。李贺在南方的时间不长，那首著名的《苏小小墓》就源于那个时期的创作。

苏小小是南朝齐的一位钱塘名妓，生前美貌而多文采，曾与当时的才子阮郁有一段爱情悲剧。当时的她，乘着油壁车，遇到了这位骑着菊花青马的温润少年。彼此心有所属奈何世情凉薄，海誓山盟也终成虚化，一代名姬香消玉殒。

据说她生前曾写过这样一首诗："妾乘油壁车，郎跨青骢马。

何处结同心，西陵松柏下。"而李贺的灵感也来源于这首诗："幽兰露，如啼眼。无物结同心，烟花不堪剪。草如茵，松如盖。风为裳，水为珮。油壁车，夕相待。冷翠烛，劳光彩。西陵下，风吹雨。"

这是李贺"鬼诗"中最为著名的一篇，用词之秾艳绮丽让人称绝。但很多人却认为，不敢多读这首诗，愈咀嚼，愈有鬼气森然的惊悚。没读过李贺的诗时，苏小小只是一个虚无缥缈的形象，但读过这首诗后，幽兰，烟花，青草，微风，溪水，仿佛处处都能看到她若隐若现的身形，都能看到她凝着眼泪的双眸。

时光穿越两百多年，苏小小终于找到了懂得她的知音。而这份懂得，恐怕也是因为他们都曾遭遇过人世间的太多不公。

七 诗人何在

辗转了一年多之后，李贺在朋友张彻的推荐下，来到了当时昭义军节度使郗士美那里做了幕僚，虽然无法持长剑、骑骏马驰骋沙场，但边塞生活肯定让李贺的心情开阔了许多。

大漠沙如雪，燕山月似钩。

何当金络脑，快走踏清秋。

世人言李贺的诗篇，都认为秾艳有余，刚硬不足。事实上，李贺曾写过二十多首"马诗"，在诗里，他非常希望自己能够"带吴钩，踏清秋"。建功立业是他的伟愿，也是他终不能成行的遗憾。

不久之后，因为藩镇割据，郗士美兵败，回到老家洛阳，他的朋友张彻也回了老家西安，李贺走投无路，只好再次回到昌谷。

如果说第一次的辞官回乡，还只是李贺生命中的一次打击，而这一次归来，则是深深的重创了。

悲满千里心，日暖南山石。

不谒承明庐，老作平原客。

四时别家庙，三年去乡国。

旅歌屡弹铗，归问时裂帛。

二十七岁这一年，李贺归乡，没多久便病倒。据李商隐所著的《李长吉小传》记载：

长吉将死时，忽昼见一绯衣人，驾赤虬，持一版，书若太古篆或霹雳石文者，云当召长吉。长吉了不能读，㰒下榻叩头，言"阿䃉老且病，贺不愿去。"绯衣人笑曰："帝成白玉楼，立召君为记。天上差乐，不苦也。"长吉独泣，边人尽见之。少之，长吉气绝，常所居窗中，勃勃有烟气，闻行车嘒管之声……

这一段描写，非常像《红楼梦》中林黛玉死去之时的情形，仿佛仙乐飘然，引得诗魂上九霄。

对于深爱深痛惜之人，我们不愿相信当他的躯体冷却之时，魂灵也化为虚无。那么，离苦得乐的天阙，是他最好的归宿。是真耶，还只是愿望？无从得知。但不管怎样，连写出这段文字的李商隐都有不平之言：

呜呼，天苍苍而高也，上果有帝耶？……帝之尊严，亦宜有人物文采愈此世者，何独眷眷于长吉而使其不寿耶？……长吉生二十七年，位不过奉礼太常，时人亦多排摈毁斥之，又岂才而奇者，帝独重之，而人反不重耶？又岂人见会胜帝耶？

而清代洪迈在他的《容斋随笔》中也有这样的记载：

> 唐昭宗光化三年（900）十二月，左补阙韦庄奏："词人才子，时有遗贤，不沾一命于圣明，没作千年之恨骨。据臣所知，则有李贺、皇甫松……俱无显过，皆有奇才。丽句清词，遍在词人之口，衔冤报恨，竟为冥路之尘。伏望追赐进士及第，各赠补阙、拾遗。"

看来，这许许多多的后世之人，是真心真意要为李贺找回一个正名。不管是及第，还是朝廷的认可，他都是值得拥有的，而不应该衔恨千古。

> 云烟绵联，不足为其态也；水之迢迢，不足为其情也；春之盎盎，不足为其和也；秋之明洁，不足为其格也；风樯阵马，不足为其勇也；瓦棺篆鼎，不足为其古也；时花美女，不足为其色也；荒国陊殿，梗莽邱垄，不足为其恨怨悲愁也；鲸吠鳌掷，牛鬼蛇神，不足为其虚荒诞幻也。

这是李贺死后十五年，另一位著名诗人杜牧为他的《昌谷集》所做的序，也被公认为为李贺诗集写得最好的一篇序。因为他说出了太多人对于李贺作品的感受。

一颗曾被苦苦压抑的灵魂，一腔化为碧色的热血，才写出了照耀千古的文字。或许，李贺真的已经成为天阙之人，因为，于他而言，人间并不值得。

品 中 国
古 代 文 人

晚 唐

杜 牧
李 商 隐

杜　牧

十年一觉扬州梦，赢得青楼薄幸名

遥远的大唐时代对于诗人来说，是一片绽放璀璨星光的天幕。从没有一个时代，像那片天空一样，曾闪耀如此炫目古今的光彩。但那片天幕却如此深邃且冷酷，曾经有那么多美丽的星星，在释放出最耀眼的光华之后，就随即陷入沉沉的暗夜，他们消逝得如此迅疾，都来不及让人们惊叹，更没有机会说一声再见。

越惊世的才华，越得不到应有的认可，越出色的才干，越容易被荒置在时间的荒漠里。这，好像是那个年代的一个诅咒。

在大唐已经进入暮年时，也曾有这样一位不仅诗才出众、更兼有军事才华的年轻人，曾经无奈地走进了这样一个怪圈。

这一生，他最好的时光，并不是指点江山，激扬文字，而是流连在软玉温香的青楼之所。世人都感叹杜公子恁地桃花缘深，只有他自己才清楚，他曾经有一颗诚心，却被时光消磨殆尽。只是，杀死他热情的，并非这片温柔乡。

一　家有万卷书的杜公子

公元 803 年，杜牧出生在京兆府万年县，也就是如今的陕西西安。相比于其他诗人，杜牧的出身就高了不少，妥妥的京城人士。而他的家世更是了不得，祖父为唐代宰相、著名史学家杜佑，父亲杜从郁是家里的第三个儿子。

杜牧总是谦虚自家的条件一般，没什么钱。事实上，对于这些书香门第好几代的士族来说，太有钱反倒是个有点说不过去的缺点。当然，人家的话锋重点不是说没钱，而是这句："旧第开朱门，长安城中央。第中无一物，万卷书满堂。家集二百编，上下驰皇王。"

我家有一个正处皇城中心的旧房子。屋子里并无长物，唯一能拿得出手的，也就是万卷诗书而已。

据写过《杜牧传》的缪钺先生曾经在文中提道："杜家的第宅在长安安仁里，即安仁坊，在朱雀门街东第一街，从北第三坊，正居长安城的中心。另外，杜家在长安城南三十多里下杜樊乡还有别墅，'亭馆林池，为城南之最'的杜佑常邀宾客到此游赏，置酒为乐。"

不知道大唐时期京城中央的房价究竟几何，虽然不像如今这般夸张，但较之其他房舍，一定也是矜贵异常。有文化的世家子弟，自夸起来就如柳叶拂风，不露声色啊。

杜牧的童年时光必然是相当舒心惬意的。家庭条件不是一般的优越，自己本身还是天才儿童，肯定时时被长辈奖励夸赞。

相比于诗人同行，杜牧的军事天分也不容小觑。这大约遗传于他祖先——一位晋代的名将杜预。杜牧十六岁时，正是元和十三年，那时朝廷正派兵讨伐藩镇将领李师道。杜牧看到宪宗连年用兵讨伐藩镇，但败多赢少，有些败仗甚至输得不明不白，不禁大为感慨。于是暂时扔掉文科书目，一头扎进军事研究，他认为，即使是士大夫也应该关心军事。把这么重要的国家职责完全交给武夫，让人不放心呀！

还别说，杜牧的军事理论不光是停留在纸上，还曾经运用到了实践中。比如李德裕平定刘稹叛乱时，杜牧及时献计献策，他的许多具体意见也被采纳，如兵种分配应"精甲兵五千，弓弩手二千"，切实有效。而且，这场战役以朝廷军队大胜而画上句号。但遗憾的是杜牧并没有因此在军事上大展宏图，实现自己的人生抱负。他的这份优秀、这份才华明明如此耀眼，朝廷大员的反应居然是集体失声。

二 掩不住的才华，争不过的命运

事实上，那个时候的大唐，已经像一个病入膏肓的老者，几代帝王次第更迭，基本都不长命。好容易遇到一个有点责任感的，又不能善始善终。唐宪宗改变代宗、德宗以来姑息藩镇的政策，削平抗命的藩镇，被誉为开创元和中兴的圣天子。但到晚年他骄矜自满，专注大兴土木，炼丹药，最后被宦官害死。继位的唐穆宗完全没有乃父遗风，刚刚即位，就耽于逸乐。至于他的儿子敬宗，更是荒唐出了一个新境界：继位时才十六岁的他，特别喜欢深夜在宫内抓狐狸。抓着抓着，可能觉得宫室还不太大，难度不够，于是又大修宫室。

杜牧的《阿房宫赋》，就是针对这件事的讽喻文。他借秦事讽刺敬宗。"独夫之心，日益骄固。戍卒叫，函谷举。楚人一炬，可怜焦土。呜呼！灭六国者，六国也，非秦也；族秦者，秦也，非天下也"……

唐朝后期的统治虽然一代不如一代，但是还有一个特别好的传统，那就是不会对谏言者举刀。皇帝可能不待见你，但不会因为你的直言而杀了你。也正是这个原因，才使得白居易韩愈等官员虽然在仕途上吃了不少苦头，但都不至于因此丢了性命。

而这篇赋带来的另一个好处，就是杜牧因此得到了太学博士吴武陵的注意。老爷子当时非常激动，骑着一头瘦驴，颤巍巍地就去找当时进士考试的副主考官崔郾，一定要他把状元的位置留给杜牧。崔郾表示很为难，说状元的位置早就内定了。吴老爷子也不着急，沉吟一会，就说前三名也行。崔郾赶紧回答，前三名，连第四名也都有人选了！吴武陵听到这儿，不再多说，直接拍板第五名就是杜牧了！

事实证明，吴武陵确实是一个很不错的谈判高手，他或许知道状元榜眼探花都不可能留给杜牧，但还是凭着很高超的谈判技巧，为自己的偶像争来了不错的利益。

被一锤定音的崔郾有点恼火，但他对吴武陵非常尊敬，所以，并没有再对这个结果表示异议，即使那时候有人还在说杜牧的坏话：此人细行不谨。但崔郾表示：我已经答应吴老了，就算他是个屠户，这第五名也是他了！

时间可以证明，吴武陵真的是很有眼光，他竭尽全力为大唐找到了一个全能型的人才。但个人的命运永远是和时代分不开的，杜牧的遗憾就在于，生在了一个摇摇欲坠的帝国晚年，纵有一腔抱负，满腹才华，也逃不过"黯然"两字。

三 消逝得太快的露水情缘

但那个时候的杜牧，当然不知道未来的命运如何，即使他对现状有太多的不满，但金榜题名之后，他还是兴奋地作诗予以纪念和庆祝。"东都放榜未花开，三十三人走马回。秦地少年多酿酒，已将春色入关来"。

桃花春色，一张张年轻的脸孔，踌躇满志的热情，组成了青春最动人的风景，当时光进入暮年，杜牧回忆起年轻岁月的时候，他可能也会苦涩地承认，那一天，确实是他人生中为数不多的欢乐时刻。

唐朝的科考只代表你有入仕的条件。想真正成为国家公务员，还要参加制举考试，这对于本来就出身官宦之家的杜牧来说不是难事，他有天分，有见识，当然，更有名气。很快，他就制策登科，官任弘文馆校书郎、试左武卫兵曹参军，十月随江西观察使沈传师外放到洪州（今江西南昌），从此，就开始了自己的幕僚生涯。

事实上，外放的这段生涯应该算是杜牧仕途中比较轻松的一段时光，唯一比较难过的，就是与美人张好好未能结成良缘。

杜牧曾有一首著名的《张好好诗》，写的就是他与这位美女的露水情缘。当年，杜牧还只是一个小科员的时候，邂逅了沈传师府中的歌妓张好好，当即惊为天人："君为豫章姝，十三才有余。翠苗凤生尾，丹脸莲含跗。高阁倚天半，晴江连碧虚。"张好好不仅长得美，歌唱得也好听："繁弦迸关纽，塞管裂圆芦。众音不能逐，袅袅穿云衢。主公再三叹，谓言天下殊。"只可惜，这样的美女不仅杜牧喜欢，其他人也很是看好。于是，才子佳人还没来得及续上一段佳话，张好好就被沈传师的弟弟纳为妾室。为此，杜牧很是消沉了一阵子。

四 磨人的党争

本以为两人的命运从此再无纠葛，但没想到仅仅两年之后，他竟然在洛阳东城再次见到了卖酒的张好好。两人见面百感交集，从一个豪门贵妾沦落为"当垆"之女，张好好的经历一定是一言难尽。但这个女孩子太聪明了，她在杜牧还没来得及张口询问的时候，就把杜牧的话全堵住了："怪我苦何事，少年垂白须。朋游今在否，落拓更能无？"

小杜啊，你怎么年纪轻轻胡子都白了？你以前那些朋友都还联系么？一句话把杜牧的眼泪都快引下来了。是啊是啊，看起来我衣冠楚楚，风流年少，也只有少年时的伙伴才知道我现在的苦楚。一句话，我只想大哭一场啊。

张好好成功地把杜牧的悲伤和惊诧引到了他自己身上。事实上，杜牧的这些年过得确实很憋屈。明明怀有大才，却始终得不到重用，眼看着朝政一日日腐败，自己全身武功却无用武之地。最要命的是，自己还身不由己地卷入了牛李党争。

在唐代统治后期，以牛僧孺、李宗闵等为领袖的牛党与李德裕、郑覃等为领袖的李党展开了将近 40 年的党争，几乎所有的官员都被卷入其中，像元稹、李绅，甚至努力保持中立的白居易等都未能幸免。以致唐文宗有"去河北贼易，去朝中朋党难"之哀叹。

王权越衰弱无力，朝中的大臣越容易拉帮结派，而这样的直接后果，就是没有人真正关心政事，他们把所有的心思都用在了整人搞事儿上。朝堂上乌烟瘴气，皇帝的后宫也不太平，安史之乱后，宦官就开始把持朝政，从他们掌权到最后被朱温一窝端的这段时间里，一共死了两位皇帝，一位妃子，还有四位宰相。

就在杜牧遇到张好好之前不久，唐王朝还爆发了相当可怕的"甘露之变"，就是唐文宗和大臣密谋，想把宦官集团一窝除掉。谁知道队友水平实在太次，关键时刻被宦官发现，一夜之间，600 多名大臣被杀，朝政再次彻底被宦官掌握。当皇帝当到了这个份上，也使得本来很有雄心壮志的唐文宗，最后郁郁而终。

当时的杜牧不在权力中心，也侥幸地逃过了这场大劫，但作为士子一员，他很清楚这场浩劫对于士族来说意味着什么，那就是可怕的灭顶之灾。惊怖和忧虑，使得这位年轻的才子几乎一夜白头，所以也才有了张好好之问：（为何）少年垂白须？

洛阳一别，张好好便从此消失在了杜牧的记忆中，除了那首他亲笔所写的诗文。当然，这也成了杜牧目前唯一存世的书法真迹，价值不可估量。但在当时，张好好也许并不在乎与杜牧的相见与再次错过。她知道当年自己吸引这位风流才子的是什么，再美的面庞也敌不过岁月的磨砺，既然自己已经不复红颜，杜牧自然也就不再为她驻足，一首诗，为一生的缘分画上了句号。

五 十年扬州梦，才子足风流

事实上，张好好想的一点都没有错。当年，在她嫁人之后，杜牧接受了牛僧孺的邀请，到扬州任幕府推官，后转为掌书记。在那里，杜牧谱写了一首又一首的风流诗篇。

杜牧人生中的第一宗功勋事件，是跟着李德裕完成的。当时，李德裕平定刘稹叛乱时，杜牧及时献计献策，使得唐军的这场仗打得极为顺手，杜牧也第一次展示了自己的军事才华。于是，在那位权臣眼里，不管他有没有再次启用杜牧，小杜就已经是自己的人了。但年轻的心却禁不起太久的搁置，就在牛僧孺也向他抛出橄榄枝的时候，杜牧迫不及待地就接受了。

事实上，如果杜牧生活在一个朝政清明的时代，他的选择是完全没有问题的，大家都是朝廷官员，都是为黎民百姓服务。你没有实际工作指派给我，我当然可以另求高明。但那个时期不同，就在杜牧乐颠颠到扬州走马上任的时候，就已经给自己埋下了祸端。

杜牧到了扬州，他虽然是牛僧孺亲自请来的，却因为忌惮他曾经为李德裕效力过，反而不敢真正委派职务给他。结果，杜牧在扬州的大部分时光都是流连在青楼会所。

彼时，江南的富庶和繁华天下闻名，即使当时已经处于唐朝晚期。而江南的精华又全部集中在扬州，这里不仅有最美的景致，更有数不清的绝代佳人。

扬州城气势恢宏，美景如画。"桅轴诚为壮，豪华不可名"。城中商业繁华，奇珍遍地。"金络擎雕去，鸾环拾翠来。蜀船红锦重，越橐水沉堆"。城中有豪侠同道，诗酒年华。"骏马宜闲出，千金好旧游。喧阗醉年少，半脱紫茸裘"。

白日里，可以慢慢欣赏城中的小桥流水，夜幕降临之后，整座城市彻夜笙箫。"倡楼之上，常有绛纱灯万数，辉罗耀烈空中。九里三十步街中，珠翠填咽，邈若仙境"。

"天碧台阁丽，风凉歌管清。纤腰间长袖，玉佩杂繁缨"。尤其让杜牧感到惬意的是，唐代很多城市，连长安都多有宵禁，只有上元节等少数时间，民众能在夜间自由活动。而扬州则是例外，"天下三分明月夜，二分无赖是扬州"，如此纸迷金醉的夜生活，足以让这位风流才子纵情放浪，乐不思蜀。

自古以来，才子与风流之间总有扯不断的联系。在长安时，杜牧就被人议论"细行不谨"，《太平广记》曾记录过这样一个故事：洛阳有一位叫李司徒的富豪，他家中豢养的歌伎阵容豪华，在当地堪称第一。这位老兄也喜欢请客，经常在家大摆宴席。因为杜牧是当地的监察御史，所以他不敢相邀。但没想到杜牧主动找人传话，表示自己愿意来参加他的宴席。李司徒不敢怠慢，马上致书邀请。到了主人家，只见"女妓百余人，皆绝艺殊色"。而杜牧则"独坐南行，瞪目注视。饮满三卮。问李曰：'闻有紫云者孰是？'李指示之。牧复凝睇良久曰：'名不虚得，宜以见惠'"。

从来没到别人家串过门，第一次去就主动要东西，不对，应该是主动要人，这样的狂放之举也只有杜牧能做得出来。但更绝妙的是，李富豪并不以为忤，反而慷慨地把这位叫紫云的美女送给了杜牧。

这是第一次也是唯一一次在杜牧的传记里出现有关紫云的介绍，从此之后就再也没有她的消息。拥有绝世姿容，却出身贫贱，在那个时代就是一种诅咒，你会被主人家当成一件精美的小玩意来回赠送，不管你愿意还是不愿意。就算杜牧是一个正人君子，高人名士，但是，以他第一次见面就相讨的这种轻慢的态度，可以想象，那位紫云姑娘日后的生活，并不会好到哪里去。

杜牧离开扬州准备到洛阳任职的时候，他的老上司牛僧孺就提醒他，你以后要做监察御史了，个人行为一定要严谨。当时杜牧还嘴硬：谁说我不严谨了？我都是相当注意的。老头子会心一笑，让手下拿出一个大箱子，"对牧发之，乃街卒之密报也。凡数十百，悉曰：某夕杜书记过某家，无恙。某夕宴某家，亦如之。牧对之大惭"。

原来，在扬州的这几年，牛僧孺一直在派人偷偷看着杜牧，有人说他是担心杜牧生活放浪，所以着人保护。但也不排除杜牧曾经为李德裕效力过，所以他更要紧张。

老谋深算的人，活得就是累，既然这样不放心，又何必把人讨在身边呢？疑人不用，用人不疑，从这一点来看，牛僧孺也只算得上是一个二流政客。

相比之下，杜牧应该算得上是一个豁达的人，因为他从没有隐瞒过自己的兴趣和热爱。他喜欢美女，所以，在他的诗歌中，有相当一部分诗描述他与歌伎们的感情纠葛。"娉娉袅袅十三余，豆蔻梢头二月初。春风十里扬州路，卷上珠帘总不如。"说的是他离开扬州时，与一位少女歌伎的依依惜别。而这首"多情却似总无情，唯觉樽前笑不成。蜡烛有心还惜别，替人垂泪到天明"，更有道不尽的心酸。本以为欢场并无真情，只是在离别时，才知道自己动了真情。那一刻，本来想笑着离别，却默默无语，唯有案前的蜡滴，仿佛不敢流出的眼泪。

六　经天纬地才，唯留黯然销魂矣

扬州一别，杜牧的人生也开始转为黯涩。因为他必须面临一个选择，那就是到底要跟随牛党还是李党。

一直以来，杜牧都不愿意让自己卷入牛李党争，但人在朝廷，身不由己。以杜牧的政治观点来看，他赞同削藩，也就是与李党的观点不谋而合。但在个人情感上，他更喜欢牛僧孺。但牛党务求苟且、姑息纵容的为官态度，他实在无法苟同。

在扬州偎红依翠的日子里，他抓紧时间写了一系列重磅的政论文，包括《罪言》《原十六卫》《战论》《守论》等，屡次批评朝廷讨伐藩镇用兵时的失策，从形势、政策、调兵遣将等方面，论证了制服藩镇的方略，非常有见地。也许李德裕也曾经看过这些文章，也暗暗地参照制兵部署，但终其一生，他再也没有重用过杜牧，心眼之小，可见一斑。

现实就是如此残酷，纵有经天纬地之才，杜牧也始终无法走进权力核心圈。最让他心痛的是，到洛阳三年之后，他在扬州的亲弟弟生了眼病，这可让杜牧急坏了。

杜牧这一生虽然风流豪拓，但对于这唯一的亲弟弟非常关心。最重要的一点，因为两人曾经一起过过很苦的日子，属于"难兄难弟"。

杜牧小时候的家庭条件不错，因为有爷爷杜佑撑着，爷爷一去世，他的仁儿子立马分家。杜牧的大伯善管家务，二伯的一个儿子又娶到了当时唐宪宗的公主，富贵非常。只有杜牧的父亲，身无长技，等到他父亲也去世了，家世是真正地败落下来了。就如他在一封书信中所说：

> 某有屋三十间而已。去元和末，酬偿息钱，为他人有，因此移去。八年中凡十徙居，奴婢寒饿，衰老者死，少壮者当面逃去，不能呵制。止有一竖，恋恋悯叹，挈百卷书，随而养之。奔走困苦无所容，归死于延福私庙，支拄敧坏而处之。长兄以一驴游丐于亲旧……

而那个时候，他那位娶了公主的堂兄正过着富贵豪奢的生活，有一位他门上的清客就写过这样的诗句，描述驸马家的美满生活："五月清凉萧史家，瑶池分水种菱花。回文地簟龙鳞浪，交锁天窗蝉翼纱。"

即使如此，在杜牧最难的时候，这些亲属并没有对他们哥俩施以一丁点援手。当时，骑着毛驴帮他俩到处向亲戚借贷的，是杜牧的另一位关系较远的堂兄杜慥。

公元837年，35岁的杜牧来扬州看望弟弟，这是他第三次，也是最后一次来到扬州，当小船悠悠驶过河岸，他看到杨柳拂风下景色依然。但不知为什么，此刻的他，感觉不到一点欣喜，反而有无尽的哀愁涌上心头。就在那红楼之上，曾有人与他依依惜别，虽未曾哭，却眼见着蜡烛滴泪到天明。

只要一个转弯，他就可以重新踏上那熟悉的台阶，或许还能看到旧日相识相知的面孔，但他终究决然地没有回头。

> 落魄江湖载酒行，楚腰纤细掌中轻。
> 十年一觉扬州梦，赢得青楼薄幸名。

扬州这座城市，不仅记载了他声色犬马的过往，也留下了他夜不成寐、笔耕不辍的热情和青春。只是，在这个世间，他注定要辜负别人，也终将被理想所辜负。

七 被岁月和现实消磨的真心

此后的日子里，他先是把弟弟委托给了堂兄杜慥，自己又重新回到京城。但这一路的官职变迁都是随着牛党和李党的此起彼伏而改变的。牛僧孺得宠的日子，他还能在朝堂中待得住。等牛党势力一倒，他也被外放到黄州。

但杜牧并不泄气。因为在他的内心深处，是支持李德裕的政论的。尽管自己没得到重用，他还是一篇接着一篇地写，并呈献给朝廷。最著名的，就是他为《孙子兵法》所做的十三篇注释。但让他失望的是，这些凝聚着他心血的文章，自从被递上去之后，就如石沉大海，再也没有消息。

岁月磨砺的不仅仅是容颜，更是一颗充满热情和希望的心。此去经年，当牛党的人物再次当权，而杜牧也有机会留在京城之后，他却选择了要求外放江南。理由是京官赚得太少。

或许，这确实是杜牧曾考虑过的理由。但更多史学家认为，他已经对朝廷彻底地失望了，无论是哪个团体当权，他都没有机会施展自己的抱负。更何况，眼见着大唐就如一艘满目疮痍的大船，已经要渐渐没入水下，越是旁观越是心惊，何不一走了之呢？

杜牧一连乞求了三次，更是以他生病的弟弟为理由，写得是情真意切。他说自己家长寿的人很少，大多数是五十岁左右就去世了，而自己的身体也不好。但自己死了没关系，如果只留下弟弟一个人，死也不能瞑目。"愿未死前，一见病弟异人术士，求其所未求，以甘其心，厚其衣食之地。某若先死，使病弟无所不足，然死而有知，不恨死早"。

终于，杜牧如愿被外放到了浙江湖州。在走之前的一次郊游后，他写下了这首诗：

> 清时有味是无能，闲爱孤云静爱僧。
> 欲把一麾江海去，乐游原上望昭陵。

在乐游原上，他不望山不望水，只是看到了唐太宗的昭陵，其中之滋味不言而喻。因为这位老皇帝，让他想起了大唐往昔的辉煌岁月，再看看惨不忍睹的现在以及将来，啥也不能说了，就是生不逢时啊。

八 最后一次写文，是为自己写墓志铭

事实证明，杜牧的泣血请求并不是危言耸听。公元851年，他到了湖州刚刚一年，弟弟就去世了，心灰意冷的杜牧又重新回到长

安。这一年，他还是以升迁后的身份回来的。

但杜牧再也不会为这人生的起起落落多花一点心思了。在生命中的最后一年，他把全部精力都花在了修缮樊川别墅上。这曾经是他爷爷最喜欢的地方，而杜牧最快乐的童年也是在这里度过的。

我们无法猜想在人生的最后岁月，这个50岁的老人是怎样努力地把每一天时光都全神贯注于修补一座老房子。只有在最后完工的时候，他才肯放心地死去。

公元852年的冬天特别寒冷，接连几个晚上，杜牧都梦到了他去世的弟弟。在梦里，弟弟的眼睛完全好了，目光柔和明澈，就如少年人一样。他很惊喜：你终于找到良医了吗？弟弟只点头微笑，但不说话。杜牧颤巍巍地想拉住弟弟的手，抱怨自己的身体越来越差，还想让弟弟带着他去找那位神医好好看看。终于，弟弟说话了：别担心，兄长，你很快就会好了。

早晨醒来的杜牧，忽然觉得无比的清明，他喊来家人备好纸笔，从早晨到黄昏，把一篇文章写了又改，改了再写。他的外甥裴延翰悄悄捡起地上的纸条，吓得说不出话来，原来，舅舅是在给自己写墓志铭："年五十，斯寿矣。某月某日，终于安仁里……"

他偷偷地观察舅舅，想看到他是否有恐慌不安的神色，但让他惊奇的是，根本没有，案前的老人神色如常，就如写一份账本一样平静淡然。

之后，他喊来裴延翰，让他把自己所有的文章全部拿来，亲自焚毁。还是在裴延翰苦苦哀求下，才留下了十之二三。

第二年，杜牧去世。而他的外甥也将杜牧诗文450篇编次结集为20卷的《樊川文集》，通行于世。

之后的一百多年后，北宋司马光在编撰《资治通鉴》的时候，对杜牧的许多文章爱不释手，特别是有关军事方面的论断，所以一并收入其中。

而在这一千多年之后的时光，杜牧的诗文更是反复被读者流连吟诵。当年，曾压在他前面的所谓状元榜眼探花，没有一个人记得。当年，那个在运气上好了他不止一个阶位，让杜牧一直为之耿耿于怀的堂兄，也没有人记得。只有曾经和他有过关联的历史人物，才有幸出现在了历史的长河里。他们的名字，都因为和他有关才被偶然提起。

这份被读者延续了千年的回忆和想念，是否能让积郁一生的诗人得到些许的释然呢？

李商隐

这一生都如此涩然 》》》

虚负凌云万丈才，一生襟抱未曾开

在唐代的古都长安，除了大明宫，华清池、骊山、曲江等是许多文人墨客喜留诗文的地方。还有一处景致，也引得许多名人留下了诗篇，那就是著名的乐游原。只是这片风景不能够带给人欣喜，有的，只是无尽的哀愁。

公元 844 年秋天的一个傍晚，李商隐来到长安城南郊外的乐游原。这里是长安城内地势最高的地方，登上乐游原，就可以俯瞰整个长安城。

彼时的乐游原，已看不到一个人，四下只有呼啸的风声，李商隐裹紧了披风，一步步走到山头的最高处。他极目远眺，只见漫天的晚霞，仿佛打翻的调色盘，火红是它的主色调，氤氲着无数的色彩变幻，美丽得令人惊心动魄。整个长安城也因此笼罩上了一层瑰丽的色彩。美则美矣，转瞬之间，就被黑暗一点点吞噬掉。

李商隐默默地看着这一切，他因为心情不好，想登上乐游原散心。但没想到，不仅没有散开愁烦的心绪，眼前这一幅景象，仿佛为他展示了一幕可悲可怖的未来命运。

不只是他自己，更是这个国家的不可改变的命运。

夕阳无限好，只是近黄昏。

他伫立良久，终于忧愁离去。

一 莫欺少年穷，总有识珠者

公元 811 年，李商隐出生在怀州河内，也就是现在的河南省沁阳县。李商隐自己曾说过，他的先祖是李唐王室旁支，但很久以前就已经衰落。但是，这个所谓的"王室子弟"的身份从来也没有帮过他任何忙，甚至也没有得到过朝廷的一点点认可。

李商隐的祖辈官运都不大好，他的父亲最多也就是当过县令，幕僚，携家带口辗转谋生，最后客死他乡。

李商隐不到十岁时，父亲去世了，这一下子，彻底失去了经济依靠。谁也想不到，就是这个小小的少年，开始撑起养家的重担，他十岁时就开始帮别人抄书写字，"佣书贩舂"，赚一点钱来补贴家用，减轻母亲的负担。

毕竟是读书人家的子弟，不管怎样贫困，他还是有着坚定的目标，那就是必须通过考取功名，走上仕途。好在李商隐天资聪颖，"五岁诵经书，七岁弄笔砚"，他还遇到了一位善良的亲属，有一位精通五经和小学的堂叔教他读经习文。十六岁时，李商隐便脱颖而出，因擅长古文而得名。

公元 829 年，李商隐全家搬到洛阳。在这里，他遇到人生中第一位最重要的贵人，他全心全力地帮助李商隐。但世事无常，这份亲密关系，却也成了李商隐未来仕途中最大的阻碍。

李商隐刚到洛阳时，还只是一位名不见经传的穷苦学子。但他所写过的两篇古文《才论》和《圣论》，在洛阳当地引起轰动，也吸引了当时的天平军节度使令狐楚。在当时，令狐楚不仅身居高位，更是一位才华出众的文人，据说唐德宗就喜欢看他的文章，每次阅览奏章，他读一遍就知道哪篇是令狐楚写的。

而这位大才一看到李商隐的文章，竟然拍案叫好，马上请他来相见。不仅如此，当他看到李商隐经济窘迫，身世堪怜，就邀请他搬到自己的府内居住，作为他儿子令狐绹的陪学。除此之外，还每月赠送银两给他，让他作为家用。

当李商隐搬到令狐楚家中后，老爷子不顾公事繁忙，还兴致勃勃地给这个素未谋面的年轻人做起了家庭教师。当时，李商隐的古文写得很好，而令狐楚擅长的是骈体文。于是，他建议李商隐改个路子学习骈体文，因为当时官方文体通用四六骈体。

二 难得的际遇，难考的科举

从一个一穷二白的布衣，转眼间摇身一变，成为贵族公子的随从好友。不仅如此，这位高官老爷还放下身段亲自教他学习。这样的奇遇，古往今来，恐怕从来就没有人遇到过，连现代的偶像剧都不敢这么编。但这样的好事真的就让李商隐遇到了。令狐楚对他的好真的是掏心掏肺，亲自"授以今体（骈俪）章奏之学"，而且"岁给资装，令随计上都"。因为不愿意让李商隐离他太远，还把他聘入幕为巡官，先后随往郓州、太原等地。

由此可见，令狐楚真是把李商隐当成亲儿子来宠爱了。事实上，他的亲儿子令狐绹恐怕也没有得到过这样高规格的待遇。因为在令狐楚的心里，他一直认为自己儿子的才华比不上李商隐。

老爷子还是很有眼光的，只是他这眼光放得太远，他看得出李商隐惊世的才华必将名震古今，却没能预料到这一世，他心爱弟子的命运始终颠沛流离，最后郁郁而终。

或许，这也是大多天才们所共有的命运。

但那个时候，又有谁会预料到以后的凄凉呢？在恩师的相助下，李商隐一面积极应试，一面努力学习骈文，在写作上基本完成了由散向骈的转变。而且，他的大部分诗文，都能看到对仗工整、词句华丽的骈文的影子。

彼时，连当时著名的大诗人白居易也很赞赏李商隐的诗文。说来也有意思，白居易的诗文以文字清浅意蕴直白著称，而李商隐的文字则晦幽儒雅，缠绵悱恻，居然也能入得他的青眼，也确实让人惊奇。而且，白居易对李商隐的赞赏可不光是口头上的客套，他在临终前，甚至委托李商隐帮他写墓志铭。

按说，能够得到长安城有名望、有权势的大佬的倾赏，李商隐的仕途之路不应该太难。但世事就是如此难料，从十六岁到二十五岁，李商隐整整参加了四次科考，但一直没能入选。

而这个阶段，令狐楚的日子也不好过。那个时候，朝廷还饱受宦官专政之苦，牛李党争刚刚冒头，令狐楚一直与牛僧孺的关系不错，被认为是牛党人物。

公元 835 年，朝廷爆发了"甘露之变"，包括两位宰相在内的很多大臣都被宦官诛杀。幸亏那个时候，牛李两派都被排斥在朝廷之外，侥幸躲过大劫。

因为恩师自己已是自顾不暇，李商隐只好一边坚持不懈地参加科考，一边给自己到处找工作，但都不太如意。

对于唐代的许多才子来说，科举时能够榜上有名是一件太难揣测的事儿。事实上，除了白居易等人好像没走什么后门之外，不少通过考试的才子，比如王维、杜牧等人，都是有人举荐，才能够脱颖而出。在之前，李商隐还对自己的才情信心满满。但接连四次名落孙山，真的是太打击人了。到了公元 837 年，25 岁的李商隐打起精神再次进入考场。这一次，他确实中了，但并不是靠自己，而是因为令狐楚的儿子——令狐绹的大力举荐。

十几年的寒窗苦读，最后居然只系在了两位权贵的一句话上。

这个结果，听起来是不是比没中还让人伤心？

三 人走茶凉，命运陡转

这一年，对于李商隐来说，是悲欣交集的一年。他还没来得及庆贺自己进士及第的喜事，就接到了恩师令狐楚病危的消息。更让他为之落泪的，是令狐楚在弥留之际，也想着再为他的仕途加一把力：他委托李商隐帮助他写遗表呈献给朝廷。

众所周知，令狐楚就是写骈文的高手，他的骈文和韩愈的古文，以及杜甫的诗，当时被誉为"三绝"。但是，在人生最后的当口，他把这个重任交给了最信任也是最心爱的弟子，用心之苦可见一斑。

尽管令狐楚用尽了所有的办法去推举李商隐，但事实证明，后者并没有得到太多的帮助。更残酷的世情就是，人走茶凉。当令狐楚去世后，他的儿子令狐绹并没有一并继承他父亲对于李商隐的好感。或许，在之前的这许多年，对于自己的亲生父亲始终宠爱一个陌生人，还是个名不见经传的白衣，他的内心就有一丝微妙的不平衡。如今，父亲已经逝去，他也为李商隐求到了一个进士的名衔，仁已至义已尽。最后，当两人在令狐府宅的大门前客气地拱手而别的时候，他们彼此都明白，这可能已然是最后一面了。

那天傍晚，也是一个夕阳如火的黄昏，当仆人在李商隐的身后缓缓关上大门，李商隐再也忍不住夺眶而出的泪水。他知道，从这一刻起，他真的就是一个人了。

没有了令狐家族可以依恃，但生活还得继续。公元 838 年，李商隐接到了泾原（现在的甘肃）节度使王茂元的邀请，成为他的幕僚。对于李商隐来说，为了生计四处奔波实属无奈之举，因为科考成功不代表他马上可以入仕，他还要参加下一步的制举考试。而这段时间，他也要养家糊口，有人赏识他，他必须马上给予回应。

王茂元虽然不如令狐楚那样对他推崇备至，但也相当欣赏李商隐的才华。最重要的是，他还把自己的女儿许配给了李商隐。

在李商隐的人生中，一共有过两次让常人羡慕不及的奇遇。第一次就是遇到了爱他如子的令狐楚。第二次，就是以一穷二白的身份，却娶到了一位身世矜贵的千金小姐。

曾经一度，李商隐一直认为，这是上苍给予他的重礼。但很快他就明白，这世间怎会有莫名其妙的幸运？即使有，在它的背后，也已经标注好了价格。而李商隐收到的这两份"大礼"，需要他以一生的落魄来偿还。

四 恩怨情仇，都系在最亲的人身上

公元 838 年，李商隐迎娶了王茂元的女儿王晏镁。这是他第一次也是人生中唯一的一次婚姻。虽然是由长辈指定的姻缘，但两人的感情非常融洽。王晏镁虽然是一位娇生惯养的千金小姐，但性格非常温柔，在以后的日子里，即使一直陪伴李商隐过着穷困的生活，也从没有过怨言。

总之，对于这段婚姻，李商隐满意极了。但让他没想到的是，蜜月还没过完，他就收到了令狐绹的一封亲笔书信。打开书信，没有客气的寒暄和问候，有的，只是几乎要喷出纸面的怒火和痛骂："忘家恩，放利偷合。"

原来，李商隐的岳丈王茂元与李德裕交好，被认为是妥妥的李党。而李商隐去世的恩师令狐楚，却是牛党中的骨干。而令狐楚的儿子令狐绹，更是之后牛党中的领袖人物。他虽然与李商隐并没有交心的情谊，但总觉得自己一家就是李商隐的恩人。李商隐这般明目张胆地与李派人物结亲，在他看来，就是不折不扣的背叛。

接到书信的李商隐顿时目瞪口呆。他大约从没想过，这场婚姻背后牵连着如此多的利益纠葛。事实上，大约连他的岳丈王茂元也没想过那么多。他非常想向令狐绹解释些什么，却又觉得一切言语都是苍白的。令狐绹是一个从小在锦衣玉食中长大的公子哥，他能明白因为贫困不得不四处谋生对于一个人来说，意味着什么吗？他能够相信，自己只是喜欢上了那个成为自己妻子的女子，但从没想过这件事竟然需要放眼到党争这样大的格局吗？

他不会明白的，就如他从来没有明白过李商隐的心。

两年前，当李商隐送走恩师，一个人伤心地从长安前往甘肃，这一路上，他满眼看到的，都是一派萧瑟肃杀的景象，百姓流离失所。年轻的诗人悲愤交加，写下了著名的《行次西郊作一百韵》，这首政治长诗概括了一代王朝兴亡的历史，揭露了唐王朝内部各种腐败现象，诗歌涉及社会危机的各个方面，更表达了诗人悲天悯人的情感，"我愿为此事，君前剖心肝。叩头出鲜血，滂沱污紫宸"，后世评论者都认为，这首诗与当初杜甫所创作的《自京赴奉先县咏怀五百字》以及《北征》等作品风格相同，是一篇难得的诗史杰作。

后世的评论者也认为，在所有模仿杜甫诗篇的人中，李商隐是最得其形与神的。王安石曾指出，唐朝人学习杜甫而真正得到杜诗神韵的就只有李商隐一人而已。很多人都认为李商隐的诗多属于隐微幽深、凄婉动情的情感诗。事实上，李商隐的时事诗篇也很出色。气势宏大，情韵深厚，笔力雄健。

而能做出这样不朽诗篇的作者，必然有着一颗不同于常人的敏感甚至悲悯众生的心灵。他的双眼，因为看到世人的贫贱和流离而悲伤；他的心，因为感受到朝政的日渐衰微而焦灼不安。可是，这般大爱的情感和细微的内心，是令狐绹等政客无论如何也看不到、感受不到的。他引为执念的，就是自己的权益受到了伤害。所以，他必须不遗余力地进行报复打击。

五 辗转反侧的仕途，屡战屡败的命运

公元839年，李商隐参加制举考试，因为得罪了令狐绹，他的

考试没有通过，并毫无意外地遭到了京城士人的排挤。人人都认为他是一个背信弃义的小人。

终于，他通过了考试，也只谋到了一个京郊的县尉小官，却因为不忍心伤害无辜的黎民百姓愤然辞官。此后，命运开始一而再，再而三地捉弄他。在他岳父所在的李党终于活跃于朝廷的时候，李商隐的母亲去世，他不得不在家丁忧守孝三年。好容易可以继续做官了，但李党又被新登基的唐宣宗所厌弃，他的求仕之路再一次被搁浅。

在这期间，李商隐的岳丈出征时因病去世。生前，他没能照顾到他小女儿的丈夫，而他的去世，也使得李商隐的处境变得更加艰难。为了生计，李商隐一个人在长安苦苦熬着，期待能够得到重用的那一天。作为一名小吏，他日日奔忙，那首著名的"昨夜星辰昨夜风，画楼西畔桂堂东"，也是写于这个时候。那一句"身无彩凤双飞翼，心有灵犀一点通"成了千古名句，但也让读者千百年来始终在猜测，这首诗到底是写给谁的？究竟是他的妻子，还是另外一位意中人？

在李商隐的诗中，有好多意味幽深的词作，缠绵悱恻，引人遐思，"相见时难别亦难，东风无力百花残，春蚕到死丝方尽，蜡炬成灰泪始干"。几乎每一位失恋的人，都能够在李商隐的诗作中找到属于自己的情感："直道相思了无益，未妨惆怅是清狂。"但让后世读者最为抓狂的是，因为李商隐的诗作中用典太多，而且晦涩悠长，以"无题"作为题目的诗作就有十几首之多。所以，害得那么多想从其中研究他是否还有其他情感经历的人们，都有一种狗咬刺猬、无处下嘴的感觉。也有人戏称，如果朦胧诗人要给自己找一个鼻祖的话，非李商隐莫属。

在长安混日子的李商隐终于再次遇到一个赏识他的贵人——征南将军郑亚。彼时，郑亚也属于与李德裕交好的官员。因为李党受到排挤，他也被明升实贬为桂林刺史。在他向李商隐发出邀请之后，李商隐欣然前往。

如今的桂林自然是大美的旅游之地。但千年之前，到那里做官的人们都是苦不堪言。谁能想到，就是在桂林的那段日子，却成了李商隐人生中最平静的时光。那首"深居俯夹城，春去夏犹清。天意怜幽草，人间重晚晴"就体现了他如释重负的心情。

可叹这位才子！一般来说，自己的主家被贬谪到边远之地，幕僚都会唉声叹气，只有李商隐却做出这样出人意料的反应。

其实也不奇怪，在长安时，每天都被夹在牛李党争之间艰难过活，如今遇到一个赏识自己的人，还能远离京城那片是非之地，对于李商隐来说，可不就像是小鸟飞出了牢笼一样欣喜！

但李商隐的"好"日子也没能过多久，新的打击又来了。准确地说，这一次的打击目标不是他，而是郑亚，因为郑亚再次接到遭贬的诏书。

郑亚于他而言，就像一顶保护伞，伞破了，伞下的人也各自飘零。李商隐失魂落魄地再次回到京城，他甚至无颜去面对妻儿。拿现在的话来说，他又失业了。而那位大家出身的妻子，自从嫁给他，就一直过着朝不保夕的苦日子。

六 不得志是他一生的魔咒

那个黄昏，回到长安的李商隐在家门口踟蹰了很久。他甚至都能听到孩子的哭闹声，还有妻子哄孩子时轻声的呢喃。那一刻，他泪流满面，他忽然想起了自己的老父亲。当年，他也是这样艰难地带着一家子四处奔波。他一直以为，他与父亲是不一样的，因为他更刻苦，也更有天分。但命运就是如此残酷，兜兜转转，他又走回了和父亲一样的老路。

陶令弃官后，仰眠书屋中。

261

谁将五斗米，拟换北窗风。

终于，他再一次低声下气地向令狐绹祈求，希望当时贵为宰相的他为自己谋一份职务。

嵩云秦树久离居，双鲤迢迢一纸书。
休问梁园旧宾客，茂陵秋雨病相如。

他也记不清这是第几次给令狐绹写信了。《寄令狐郎中》《寄令狐学士》《梦令狐学士》……多年以来，他一直希望能向令狐绹解释自己的心意，但对方从没有给过他机会。这一次的结果也是意料之中的，令狐绹没有任何回应。最后，他还是凭着自己的考试，再次求到了一个县尉的职务。

命运就是这样让人哭笑不得。多年前，他从一个县尉的职位上愤然辞官。而如今，为了五斗米，他不得不重新弯下腰来。

即使有满腹才华，却始终无人理会，不得不为生计奔波。那首《贾生》也是在那段时间创作的。

宣室求贤访逐臣，贾生才调更无伦。
可怜夜半虚前席，不问苍生问鬼神。

贾生，也就是西汉时期的能人高士贾谊。据史书记载，贾谊是当时著名的文学家和政治家。当年，他在政治、经济、国防以及社会风气等方面的进步主张，不仅在文帝一朝起了作用，更重要的是对西汉王朝的长治久安起了重要作用。

但就是这样一位百年难见的大才人物，也一样遭遇了冷遇和被贬谪的命运。好容易被皇帝找回来了，和他深更半夜促膝长谈，说的不是治国之道，反而都是虚无缥缈的鬼神之说。

从古至今，怀才不遇几乎是太多天才共有的命运。

那一年，他在长安还遇到了名气颇响，却始终没受过重用的杜牧。作为同为党争所苦的读书人，他对杜牧的理解要比很多人都深。

> 高楼风雨感斯文，短翼差池不及群。
> 刻意伤春复伤别，人间惟有杜司勋。

这是他写给杜牧的诗，更是嗟叹自己命运的诗。生不逢时，遭遇党争已属不幸，更为不幸的是，还生在了一个摇摇欲坠的王朝末年。

七 长相思兮长别离

公元 851 年，李商隐再次遭遇了命运的重击。他所投靠的武宁节度史卢宏止病逝。他还来不及为自己的前途忧思，就接到了妻子病危的消息。等他匆匆赶回家中，却连妻子最后一面都未及见到。

那一天，当探望的人们都渐渐散去，只剩下他一个人怔怔地坐在空荡荡的屋子里。从窗口望去，屋外的蔷薇花露好像哭泣的泪水。屋内床铺上还有妻子用过的枕头，但蒙在床铺上的绿色罗衾却残酷地提醒着他，那个熟悉的人儿，从此阴阳两隔，再也看不到了。

> 忆得前年春，未语含悲辛。归来已不见，锦瑟长于人。
> 今日涧底松，明日山头檗。愁到天池翻，相看不相识。

他回忆起前年春天，他即将远行，最后与妻子话别的时候，妻子面上的表情是那样的哀凄，她似乎想和他说很多话，但终究什么都没有说。当时，他就觉得奇怪，却也没有追问。如今再次想到这个细节，不禁心如刀绞。那个时候，妻子一定是已经生病了，并感觉到了命不久矣。

她从来没有怨过他，连预知了死亡在悄悄靠近时，都不忍心让他忧虑。但就是这份好到无以回报的深情，才使得李商隐这一生都无法摆脱对妻子的思念。

尽管这一生里，他们彼此相依的时间也是那样短暂。而更让他哀愁的是，即使再有来生，还会相见，那时候，你还能认得我吗？"愁到天池翻，相看不相识"。

第二年，一直在郁郁之中的李商隐接受了梓州刺史柳仲郢的邀请，作为他的幕僚。梓州在今天的四川绵阳，当年和成都一并称为蜀地最大的两座城市。

李商隐动身的时候恰好是冬天，巴山蜀水苦行踪，路上还遇到大雪。当他和平时一样打开包裹，却没有看到棉衣，那一刻不禁悲从心来。他一下子回忆起以往每次出门，妻子都会细细打点他的行装。这么多年出门在外，也正因为妻子的悉心照料，他几乎没有吃过太多苦头，而如今，那个会在夜里纺线织布为他缝制棉衣的人，已经不在这个人世了。

> 剑外从军远，无家与寄衣。
> 散关三尺雪，回梦旧鸳机。

八 前缘何缘？恩怨纠缠

在梓州的日子，李商隐很努力地做着幕僚的分内之事。对此，柳仲郢非常满意。但唯一让他忧虑的就是，在这几年里，李商隐几乎从来没有笑过。他不像其他幕僚那样，闲暇的时候去喝茶喝酒消闲，而是经常拜访深山古刹，和高僧们谈经论道。

李商隐一生贫困，为了生计才不得不四处漂泊。而此时的他却舍得"自出财俸，于长平山慧义精舍藏经院特创石壁五间，金字勒《妙法莲华经》七卷"。那段时期，他创作的很多诗文也和佛教有关。

> 残阳西入崦，茅屋访孤僧。落叶人何在，寒云路几层。
> 独敲初夜磬，闲倚一枝藤。世界微尘里，吾宁爱与憎。

对于李商隐来说，他这一生，遇到了别人企望不及的幸运，也遭遇了难以诉说的坎坷和悲苦。而所有的喜与悲，都仿佛一条预定好的人生锁链，无法解释，更无法逃开。他最感激的两个人，一个是恩师，一个是爱妻，因为同时出现在他这一生里，也成了悲剧的缘起。这一切，也许就是佛教中所说的业缘。

在某个深夜，依然没有困意的李商隐放下手上的书本，默默凝视着眼前的烛火，倾听着雨点敲落在残荷上的声音。西南多雨，更兼之那本就是一个秋季，冷风寥落，孤灯照寒。

又是一年流落在异乡的日子，又是一段数不清悲与苦的年华。究竟何时能从这积郁中真正解脱出来，获得心灵的平静与欣喜呢？他找不到答案。

> 君问归期未有期，巴山夜雨涨秋池。
> 何当共剪西窗烛，却话巴山夜雨时。

公元 858 年，四十四岁的李商隐辞官回乡。漂泊多年的浪子终于又回到了自己的出生之地。那时的他，身心俱疲，却也有说不出的释然与轻松。对于未来，他有预感，或许在不久之后，他就可以告别这个让他无限惆怅的人世了。

传说每一个人在将死之时，这一生所经历的每一件事都会如电光火石一样回映在脑海里。在卧病床榻的日子里，每一天每一刻，李商隐都无法不回忆起多年前的往事。终于，这所有的悲喜都化成了他的最后一首诗《锦瑟》。

锦瑟无端五十弦，一弦一柱思华年。
庄生晓梦迷蝴蝶，望帝春心托杜鹃，
沧海月明珠有泪，蓝田日暖玉生烟，
此情可待成追忆，只是当时已惘然。

多少年来，有多少人为这首诗痴迷，不断地猜测着诗中的真正含义。但没有一个人能够宣称，他读懂了李商隐的全部心意。"庄生晓梦迷蝴蝶"，是真意耶，还是梦境耶？这一生的悲伤、欣喜抑或惆怅，就如"珠泪""玉烟"一般，似真似幻。这一生，他辜负过很多人，也被很多人辜负过。

但不管怎样，往事如烟，只留惘然。

当年，李商隐因病去世。在他死后四十九年，唐王朝灭亡。